煤炭服务供应链

系统动力学仿真及评价研究

窦园园 著

中国石化出版社

图书在版编目（CIP）数据

煤炭服务供应链系统动力学仿真及评价研究 / 窦园园著 .
-- 北京：中国石化出版社，2023.3
ISBN 978-7-5114-7032-4

Ⅰ. ①煤… Ⅱ. ①窦… Ⅲ. ①煤炭企业－供应链管理－系统动态学－研究－中国 Ⅳ. ①F426.21

中国国家版本馆 CIP 数据核字（2023）第 055288 号

中国石化出版社出版发行
地址：北京市东城区安定门外大街58号
邮编：100011 电话：（010）57512500
发行部电话：（010）57512575
http：//www. sinopec-press. com
E-mail：press@ sinopec. com
北京捷迅佳彩印刷有限公司印刷
全国各地新华书店经销
*
710×1000毫米 16开本 10.5印张 160千字
2023年5月第1版 2023年5月第1次印刷
定价：58.00元

前言

PREFACE

我国煤炭行业经历了十年“黄金期”向“衰退期”的转变，出于环境保护的考虑，政府对煤炭行业的发展提出更高的要求。以往煤炭企业靠买卖煤炭赚取差价的利润模式已不能满足煤炭行业的长远发展需求。过去煤炭企业普遍“重生产轻流通”，煤炭生产环节的供应链管理一直是企业管理实践和学术研究的热点，但是基于我国“北煤南运，西煤东运”运输格局，煤炭流通环节的成本占煤炭价格的比例高，供给侧改革要求下，煤炭企业应加强流通环节的供应链管理。加之全球经济服务化大发展，我国煤炭行业服务化转型特性凸显，煤炭服务供应链的研究进一步完善了煤炭供应链学术研究体系，为煤炭行业服务化发展提供了新的思路。

本书在参阅了大量国内外文献和相关书籍的基础上，选择从服务的角度对煤炭供应链进行划分，提出煤炭服务供应链的定义及结构，并以国内某大型供应链管理公司及其上下游构成的煤炭服务供应链为例，通过构建煤炭服务供应链系统动力学模型实现其运作的可视化呈现，通过构建评价指标体系对其运作效率进行评价，从中发现存在的问题，进而提出管理优化措施。

第一章分析了研究的背景及意义，提出了全球服务化背景下加强煤炭流通环节供应链管理的必要性，给出了研究的方法、技术路线及结构。

第二章深入分析了服务供应链由来、发展及其与制造供应链的区别联系，并对煤炭供应链研究进行了综述，发现现有煤炭供应链研究多以煤炭生产企业为核心企业向上下游延展为研究对象，以非煤炭生产企业为核心企业的煤炭供应链研究仅占少数，突出供应链中服务流的更是少之又少。

第三章首先引入产业公地的概念，运用系统动力学因果分析法明确了煤炭服务供应链与煤炭产业公地之间的正反馈关系。之后分析了煤炭供应链管理企业实践现状，在对煤炭供应链按主导企业是否是大型国有煤企进行划分的基础上，给出煤炭服务供应链的界定，运用自组织理论分析了煤炭服务供应链系统的复杂特性及其耗散结构属性，并剖析了其自组织与他组织的对立统一特性。对煤炭服务供应链运作模式及其主要特征进行了分析。

第四章首先论述了运用系统动力学进行煤炭服务供应链建模的可行性，并设定了建模的边界及假设。按煤炭服务供应链上的四个节点企业，即煤炭用户、供应链管理服务商、煤炭供应商、微专业服务供应商，将模型分为四个子系统，依次对其进行因果关系分析，并根据因果关系图绘制出各自的系统流图，对其整合得到煤炭服务供应链的初始模型。

第五章结合调研得到的数据确定变量之间的方程，并对其进行有效性检验。通过运行已构建的初始模型，从物流、信息流、服务能力流、资金流四个层面分析初始运行结果，综合运用敏感性分析、因果分解图、测试函数、模型改进等工具和方法探究四个流的运作，发现其中的不足，并分别给出管理建议。

第六章同样从物流、信息流、服务能力流、资金流四个层面出发构建煤炭服务供应链运作效率的评价指标体系，用层次分析法确定各指标权重后，使用模糊综合评价法对案例煤炭服务供应链进行评价，得出煤炭服务供应链整体的运作效率水平以及四个流的评价值，指出应加强对物流、信息流以及资金流的管理。

第七章对研究的结论及创新点进行了总结，并指出研究存在的不足。

本书的编写获得了各方面的支持和鼓励，在此表示衷心的感谢。

由于水平限制，本书可能存在不足之处，敬请读者指正。

目录

CONTENTS

1 绪论

本章第一节从煤炭产业发展面临的困境、全球经济服务化发展趋势及煤炭行业服务化转型发展三个方面分析了研究的背景；第二、三、四节明确了研究的意义、所需的方法，制定了研究的技术路线。

1.1 研究背景

1.1.1 煤炭行业发展面临困境

煤炭行业在过去十几年的发展如同过山车一般，虽然2017年煤价并不算低，但大趋势上煤炭行业很难恢复到“黄金期”的辉煌。煤炭产业的发展正面临着自身蜕变需求及宏观环境强压的双重考验。煤炭产业发展环境总结为以下几点：

1）环境治理力度不断加强

煤炭对环境的影响主要出现在开采、运输与利用之中。煤炭开采过程中产生了大量的矸石、污水、甲烷气等废气废物，对土地资源、水资源及大气环境造成污染；而“北煤南运，西煤东输”的长距离运煤格局导致煤炭在储、装、运过程中产生大量煤尘飞扬，既会造成大量的煤炭损失，又会给沿线周围自然环境造成破坏 。同时，我国整体上仍属于“有什么卖什么”的粗放式为主的供应模式，煤炭标准化程度低，不能与消费端的锅炉指标相匹配，这就直接导致煤炭燃烧不彻底，大气污染物排放居高不下，很大程度上加剧了大气污染。经济高速发展下耗煤量一路飙升最终加剧了环境污染。随着环保机构职能的逐步完善，国家进一步加大环境保护力度，推进环境保护进程，制定了一系列政策、规划。作为一次能源支柱的煤炭产业势必成为关注的焦点。政府为煤炭产业戴上了“紧箍咒”，对其整治力度不断加强，环保高压下的煤炭产业发展压力巨大。

2）煤炭供应链资源呈现出片段化分布

我国煤炭供应链信息、运输和库存等方面呈现严重的资源片段化[1,2]。煤炭供应商以及用户所呈现出的资源片段化特征主要来源于煤炭供应方、消费者以及同一侧不同节点企业的独立性；而煤炭运输资源的片段化主要来源于铁路运输、港口运输、公路运输，它们各自分属不同的监管部门，部门之间缺乏协调管理；煤炭库存资源所呈现的片段化是由煤炭库存的所有者不同造成的。虽然全国各地煤炭物流中心、储备基地及煤炭交易中心的建设风生水起，但是煤炭生产企业、煤炭消费企业、物流园区、交易中心等相互之间不同程度上缺乏合作及信息的共享，使得信息流资源呈现片段化态势，从而导致煤炭交易成本、流通成本居高不下。煤炭行业亟待加强供应链管理。

3）煤电路港能源供应体系整体过剩

近年来，随着我国经济增速持续保持低位，增速下滑，钢铁、电力、建材等高能耗产业用电量增速继续下滑，水电、核电、特高压电网迅猛发展，页岩气、石油、天然气、太阳能、水电能、核能等替代能源对煤炭的替代效应继续加大，市场对煤炭的整体需求量巨幅下滑；国外进口煤炭猛增且价格走低，占据煤炭销量的很大比例，国内煤炭企业库存持续在高位，煤炭过剩压力不断加大，价格不断走低，接近全行业亏损。同时，受煤炭市场产能总体过剩影响，向来供不应求的煤炭铁路运输形势也悄然出现逆转。2015年，全国铁路总运输能力为55亿吨以上，铁路黑货（通常指煤炭、钢铁、矿石等大宗物资）货运量出现大幅下跌，其中煤炭运输能力为30亿吨，而运输需求只有23亿吨，铁路运力资源呈过剩态势。主要运煤的铁路、港口都不同程度出现“吃不饱”情况，部分新投产运煤干线处于半闲置的状态，运输能力无以发挥，煤炭中转港口降价竞争蔓延。运输是煤炭消费的重要一环，其在煤炭价格中也有着充分体现，作为流通成本占到其消费价格不低于40%的煤炭产业[3]，港路运输优化发展面临机遇和挑战。

1.1.2 全球经济服务化大发展

每个国家经济发展都会经历三个阶段：以农业、矿业为主的机械时代（mechanical stage）、以生产和建设为主的电气时代（electrical stage）、以服务为主的服务时代（service stage）[4]。随着国家经济的发展，其农业、工业、服务业所占的比重都会发生规律性的变化。世界经济的演化规律是由以农业为基转为以制造业为基，再由以制造业为基转为以服务业为基，各个产业的就业人数也会发生相应的变化，越是发达国家其服务业越是占据经济主导地位。目前，世界各国的服务业都在飞速增长。随着服务产业的迅猛发展，服务所产生的经济价值愈发得到世界各国的充分重视。比如美国服务业所产生的经济价值在GDP中的占比已经高于90%[5]。而德国的第三产业就业人数占总就业人数的三分之二左右，这使得其国内生产总值增长到近70%。根据国家统计局发布的《2022年国民经济和社会发展统计公报》，2022年服务业增加值占国内生产总值比重为52.8%。

服务经济的快速发展，一方面使得知识密集型制造企业从传统的纯生产领域转向为用户提供个性化私人定制产品服务集成包。很多传统的制造业、技术公司、零售企业以及商品包装公司都进行转型发展，增加其有形产品的附加值，如汽车制造企业丰田、飞机引擎生产商通用电气的能源管理服务、西门子、惠普（HP）的信息服务，伊莱克斯的一体化电气解决方案、IBM、施乐公司的文件处理服务、PetSmart、宝洁等，而GE、HP、IBM 等跨国公司的服务外包已经成为其核心竞争优势。另一方面，不论是服务业还是传统制造业，为了获取自身不具备的资源，享受到世界级的流程、产品、服务和技术，减少固定资产投入，为核心业务释放更多资源，进而拥有适应不断变化的环境需求的能力，众多企业纷纷选择对非核心业务进行外包。产业服务化导致了服务和有形产品之间的界限越来越模糊。

1.1.3 煤炭行业服务化转型特性凸显

当前煤炭产业仍然是以贸易为主、低水平服务为辅的传统发展模式，其发展面临产能过剩、整体效益水平下降等挑战。《关于煤炭工业"十三五"信息化和工业化深度融合的指导意见》中明确指出，“支持第三方煤炭物流服务业和供应链服务业发展，提升煤炭物流全程跟踪管理能力”。2017年10月5日颁布的《国务院办公厅关于积极推进供应链创新与应用的指导意见》中明确提出“推动制造供应链向产业服务供应链转型”“引导传统流通企业向供应链服务企业转型”。面对当下煤炭行业呈现出的“天花板”约束以及相关延伸产业收益率下跌等困境，服务化转型必然会是实现煤炭产业结构调整和优化升级的重要战略举措。2022年12月15日《国务院办公厅关于印发“十四五”现代物流发展规划的通知（国办发〔2022〕17号）》中提出“促进物流业与制造业深度融合”“支持物流企业与制造企业创新供应链协同运营模式，将物流服务深度嵌入制造供应链体系，提供供应链一体化物流解决方案，增强制造企业柔性制造、敏捷制造能力”“推进重点产业供应链体系建设，发挥供应链核心企业组织协同管理优势，搭建供应链协同服务平台，提供集贸易、物流、信息等多样化服务于一体的供应链创新解决方案”。

在煤企全面转型的形势下，虽然走煤电、煤化工等深加工之路是煤企延长产业链、提高产品附加值的转型路径之一，但深加工的用煤量占煤炭总消费量的比例较小，我国仍有不少于30亿吨的煤炭流转至消费端。煤炭行业将逐步告别资源稀缺时代，开始从卖方市场转向买方市场，也许在特定的时间内还会出现煤炭供应紧张，但市场总体会维持一种均衡并偏向于买方的格局。因此，转变供应模式，实施供应链管理成为煤企转型发展的必经之路。部分煤炭物流企业率先通过实施煤炭供应链管理实现了从低层次的服务向现代化的生产型服务业跨越，从而引领煤炭产业从粗放式向服务化发展。

1.2 研究意义

经济学上供给曲线是由商品的价格和供给量共同决定的，供给量不变的情况下，要想提高商品相对价格，除了降低生产成本之外，降低流通成本、增加服务附加值是不容忽视的举措。如图1.1所示，近几年我国原煤占能源生产总量的比重在逐年下降，但仍然保持在72%以上，原煤占能源消费总量的比重也在逐年下

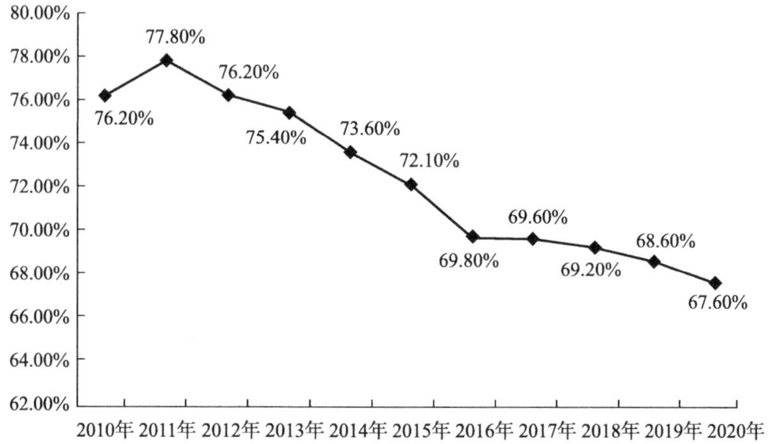

图1.1 原煤占能源生产总量比重走势

降，却仍然保持在64%以上，如图1.2所示[6]。煤炭作为我国主要的一次性能源消费格局短期之内不会发生改变。

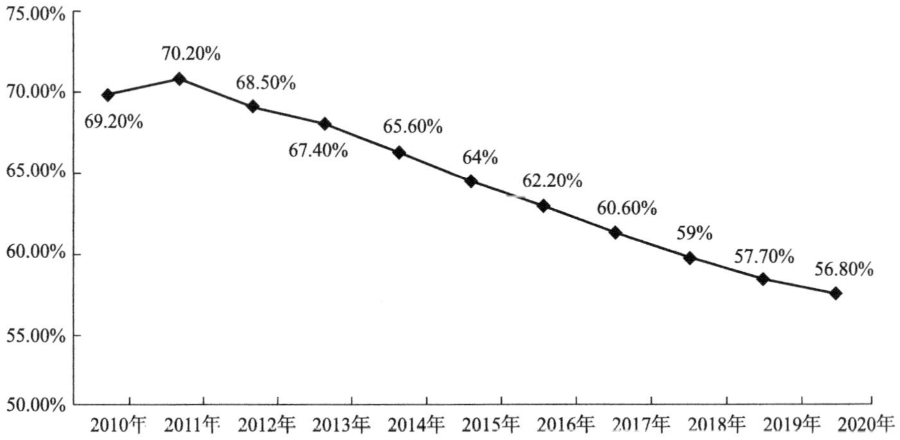

图1.2　原煤占能源消费总量比重走势

英国著名供应链管理专家马力·克里斯托夫说："21世纪的竞争不是企业与企业之间的竞争，而是供应链与供应链之间的竞争。"时至今日，市场竞争早已演变为价值网与价值网之间的竞争。长久以来，卖方市场供应链管理的作用被忽视，煤炭从"黄金十年期"步入"衰退期"，煤炭价格一路狂跌，煤炭企业几乎陷入全部亏损的境地，单纯依赖买卖差价获取暴利的时期已经过去，买方市场下如何加强煤炭供应链管理成为每个煤炭企业关注的焦点。

同时，多年以来各大煤炭生产企业为追求利益最大化，在煤炭生产过程中全面实施精细化管理、精益管理、全面质量管理、六西格玛管理等各种管理方法，煤炭生产成本几乎达到降无可降的地步，煤炭生产环节的供应链管理已经成熟。

相反，由于我国鲜明的"北煤南运，西煤东运"基本运输格局，煤炭长距离流通过程中涉及洗选、运输、仓储等众多环节所产生的流通成本占煤炭价格的比例居高不下，着手于煤炭"软三元"[7]，对煤炭流通领域进行供应链管理，却有相当大的获利空间，利润获取点主要集中到了煤炭的流通环节。在煤炭流通环节，起到关键媒介作用的煤炭销售企业更是面临着转型发展，将企业盈利点从传统倒买倒卖赚差价转变为靠提供增值服务。以往过分强调需求侧的煤炭销售已经不能适合当前煤炭行业的发展形势，买方市场下煤炭企业需要积极响应"供给侧改革"，加强煤炭服务供应链管理。

煤炭服务供应链的高效运作与管理是一种双赢策略，通过对煤炭流通领域中的煤炭服务供应链进行管理，不但可以使各节点企业实现共赢，而且可以推动宏观煤炭资源的有效配置，助力去库存、供给侧改革等战略方针的实施。在无法降低生产成本的情况下，加强从“坑口”到“炉口”这一流通环节的供应链管理[8]，以客户为中心，为消费企业提供个性化服务和整体解决方案，增加煤炭产品的附加值，实现煤炭供应由“粗粮”向“精粮”转变[9]。从而实现从“有什么，卖什么”的粗放供应转为“要什么，有什么”精细化供应。

1.3 研究方法与技术路线

1.3.1 研究方法

文献研究：系统整理和分析，深入了解国内外煤炭供应链发展研究和发展现状，阅读有关服务科学理论、排队论、交易成本理论、系统动力学等方面的书籍，借鉴学术文献已有理论方法。

专家访谈法和调查问卷法：通过专家访谈法和文献研究初步确定指标体系内的指标，设计并发放调查问卷对指标进行验证。

系统分析法：煤炭服务供应链是一个类似生态系统的复杂综合性社会经济问题，内部除了各节点企业各自的管理决策外，还包含相互之间物流、信息流、服务能力流、资金流等的协调运作，需要运用系统的思维方式，准确界定目标系统的边界，深入剖析系统内部各影响因素的内在关系，通过仿真模拟对其进行管理。

定性研究与定量分析相结合的方法：先进行理论分析、相关概念辨析，对煤炭服务供应链进行了界定，之后结合系统动力学方法与排队论进行建模，最后用AHP法对所构建的运作效率评价模型各级指标进行权重的计算，用模糊综合评价法对整体及物流、信息流、服务能力流、资金流作出评价。

1.3.2 技术路线

本书在详细分析煤炭产业发展宏观趋势的基础上，明确了煤炭服务供应链研究的意义，在相关理论的基础上对煤炭服务供应链进行界定。在此基础上，运用系统动力学和排队论构建系统动力学模型，通过仿真模拟提出政策建议，之后结合层次分析法和模糊综合评价法构建煤炭服务供应链运作效率评价指标体系，并对案例煤炭服务供应链作出评价。技术路线图如图1.3所示。

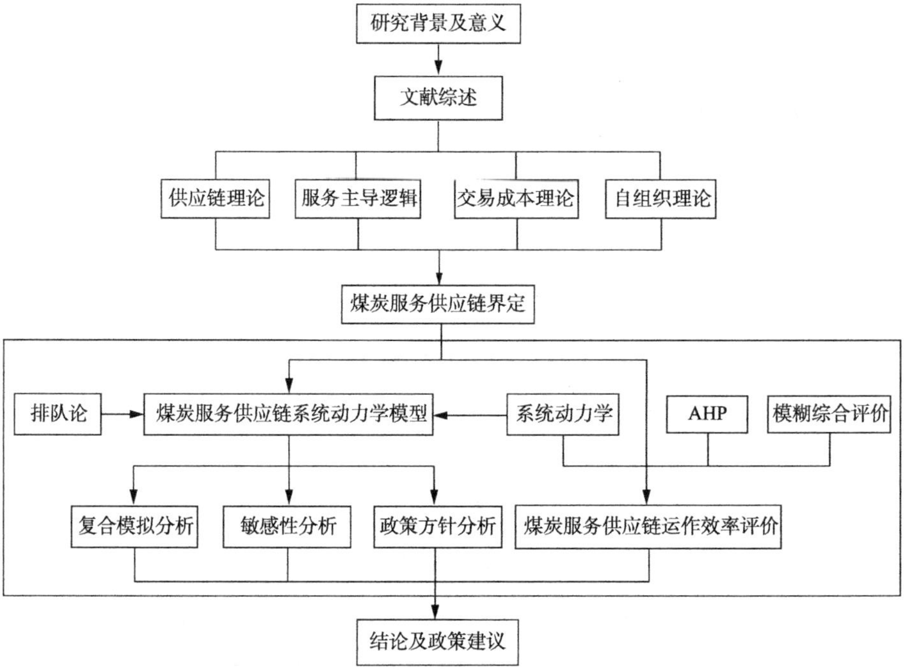

图1.3 技术路线图

1.4 本书结构

本书整体结构上分为7个章节，在分析研究背景及意义、已有文献综述的基础上，界定煤炭服务供应链，并提出其运作模式，然后运用系统动力学构建仿真模型，通过模型仿真进行管理策略研究，最后对案例煤炭服务供应链进行运作效率的评价。

第一、二章节首先从产业公地的理论视角，运用系统动力学因果回路分析了煤炭行业由盛转衰的发展趋势，提出了全球服务化背景下加强煤炭流通环节供应链管理的必要性，并深入分析了服务供应链由来、发展及其与制造供应链的区别，为后续煤炭服务供应链的界定奠定基础。

第三章分析了煤炭供应链管理的学术研究和企业实践现状，发现已有煤炭供应链研究大多以煤炭生产企业为核心，企业向上下游延展为研究对象，以非煤炭生产企业为核心企业的煤炭供应链研究仅占少数，突出供应链中服务流的更是少之又少。在对煤炭供应链按主导企业是否是大型国有煤企进行划分的基础上，给出煤炭服务供应链的界定，并对其结构模式进行分析。

第四章首先论述了运用系统动力学进行煤炭服务供应链建模的可行性，并设定了建模的边界及假设，按煤炭服务供应链上的四类节点企业，即煤炭用户、供应链管理服务商、煤炭供应商、微专业服务供应商，将模型分为四个子系统，依次建模后进行整合，得到煤炭服务供应链的初始模型，并对其进行检验。

第五章通过运行已构建的初始模型，从物流、信息流、服务能力流、资金流四个层面分析初始运行结果，综合运用敏感性分析、因果分解图、测试函数、模型改进等工具和方法探究四个流的运作，发现其中的不足，并分别给出政策建议。

第六章从物流、信息流、服务能力流、资金流四个层面出发构建煤炭服务供应链运作效率的评价指标体系，用层次分析法确定各指标权重后，使用模糊综合评价法对其进行评价，得出煤炭服务供应链整体的运作效率水平以及四个流的评价值，指出应加强对物流、信息流以及资金流的管理。

第七章对本书的结论进行了概括，并提出了研究的不足与展望。

2 理论基础和文献综述

本章第一节首先简述了进行煤炭服务供应链研究所涉及的交易成本理论、排队论及自组织理论，此外详细介绍了服务主导逻辑的起源及发展；第二节对服务科学理论引导下的服务供应链研究进行了全面的综述分析；第三节明确了服务供应链与制造供应链的异同；第四节对煤炭供应链的研究现状进行了综述；第五节对已有研究作出简要评述。

2.1 相关理论基础

2.1.1 交易成本理论

交易成本理论又称交易费用理论，是英国经济学家科斯（Coase）在其文章“论企业的性质”中提出来的，其基本思路是：围绕节约交易费用这一目的，将交易作为分析单位，寻找辨别不同交易的不同特征因素，随之分析不同类别的交易需要何种类别的体制进行协调。科斯认为，交易成本不仅包括获准确地获取市场需求信息而耗费的费用，还涵盖了交易过程中谈判和经常性契约而耗费的成本。也就是说，交易成本包括信息获取成本、发现并告知交易者的成本、谈判成本、双方签订合同的成本、后期监督合同履行的成本以及处理违约行为的成本。

Williamson[10]在科斯已有研究成果的基础上，分析了交易特性是如何影响组织模式的选择的，并从中发现交易费用的大小还与不同交易所具备的特性相关。例如资产专用性与交易频率等。当交易发生的频率较低，且次数较少，而资产特性为专用性或者混合性时，称为新古典契约关系，应采取交易双方和第三方参与的三方规制治理机制；当交易发出的频率较高，且经常发生，同时资产专用性程度不高时，称为关系性契约。如果资产属于混合性，应采取由当事人双方共同参与下的治理机制，即双边规制；如果资产属于专用性的，应采取企业一体化治理机制，即统一规制；如果资产是通用性的，则不管交易频率是高是低，都属于古典契约关系，必定采取市场规制的治理机制，交易条件需要通过多次讨价还价才可达成。

2.1.2 排队论

排队论（Queuing Theory）也称随机服务系统理论，是由丹麦电话工程师A.K.Erlang于1909年应用数学方法提出的用于解决电话通话拥挤问题。当服务需求量超过服务机构（服务台、服务员等）的容量时，就产生了排队现象，进而降低服务质量。排队论被用来处理军事、运输、库存、生产、服务、维修等众多领域出现的排队系统难题。排队论运用数学方法，通过构建数学模型来实现对排队系统中随机产生的服务需求进行系统行为的模拟预测[11]。排队论模型简图如图2.1所示。

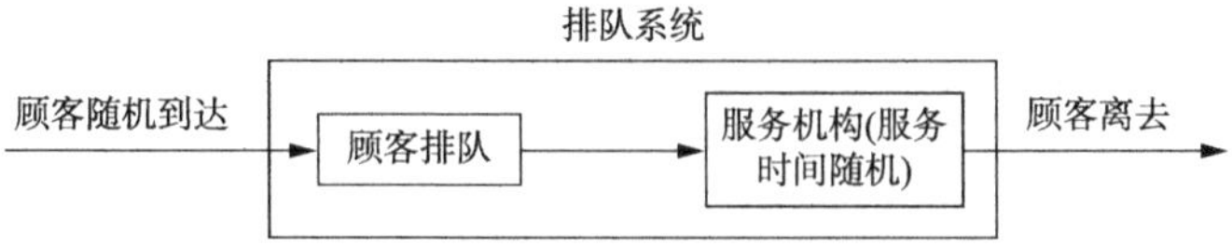

图2.1 排队模型

1）排队系统运行指标

要实现排队系统运作效率、服务质量评估及最优参数确定，并发现相应评价系统在结构上存在的缺陷和合理性，进而提出优化方法，首先需要做的就是确定可以实现系统运行好坏评价的基本数量指标。排队系统的运行通常使用如下几个指标进行衡量：

（1）平均队长（L_s）：用以表示排队系统内顾客数（正在接受服务的顾客人数和正在排队等候接受服务的顾客人数之和）的数学期望。平均排队长（用L_q表示）则是用来描述排队系统内部等候接受服务的顾客数之和的数学期望值。

（2）平均逗留时间（W_s）：用以表示顾客为接受服务而需要在系统中逗留的时间（即排队等待接受服务的耗时与接受服务所需耗时之和）的数学期望值。

（3）平均等待时间（W_q）：用以表示单个顾客等候接受服务所需耗时的数学期望值。逗留时间等于等待时间与服务时间之和。

此外，系统状态指的是排队系统中等待接受服务的顾客数，假如系统状态等于n，即系统中存在n个等待接受服务的顾客。

2）多服务台排队模型（$M/M/C/\infty$）

根据后续建模的需要，在此仅介绍多服务台排队模型。假设顾客是逐一抵达系统的，并且其到达规律上满足参数为λ的Poisson分布。排队系统中存在C个提供服务所需耗时彼此独立的服务台，接受服务所需耗时满足参数为μ的负指数分布。λ指的是单位时间内平均抵达该排队系统等待接受服务的顾客数，而μ指的是单位时间内系统所能为其提供完服务的顾客数量，即单个服务台的平均服务率。在顾客抵达系统时，倘若存在空闲的服务台则即刻为其提供所需的服务，否则只能形成一个队列等待接受服务，而其后续等待时间为无限。

记 $P_n = P\{N=n\}(n=0,1,2,\cdots)$ 为系统达到平衡状态后队长N的概率分布，如果排队系统中存在C个服务台，有 $\lambda_n=\lambda, n=0,1,2,\cdots$ ，整个服务机构的平均服务率为 $\mu_n=\begin{cases} n\mu, n<C \\ C\mu, n\geqslant C \end{cases}$。

记 $\rho=\dfrac{\lambda}{C\mu}$ ，当 $\rho\leqslant 1$ ，系统可达到统计平衡（否则队列将排至无限远），有：

$$C_{\mathrm{n}}=\begin{cases} \dfrac{(\lambda/\mu)^{\mathrm{n}}}{n!}, n=1,2,\cdots C \\ \dfrac{(\lambda/\mu)^{C}}{C!}\left(\dfrac{\lambda}{C\mu}\right)^{n}=\dfrac{(\lambda/\mu)^{\mathrm{n}}}{C!C^{n-C}}, n>C \end{cases} \tag{2.1}$$

故：

$$P_n=\begin{cases} \dfrac{1}{n!}\left(\dfrac{\lambda}{\mu}\right)^{\mathrm{n}} P_0, 0\leqslant n\leqslant C \\ \dfrac{1}{C!C^{n-\mathrm{C}}}\left(\dfrac{\lambda}{\mu}\right)^{\mathrm{n}} P_0, n>C \end{cases} \tag{2.2}$$

其中：

$$P_0=\left[\sum_{n=0}^{C-1}\frac{1}{n!}\left(\frac{\lambda}{\mu}\right)^{\mathrm{n}}+\frac{1}{C!(1-\rho)}\left(\frac{\lambda}{\mu}\right)^{C}\right]^{-1} \tag{2.3}$$

式（2.2）和式（2.3）都是基于平衡条件下给出了系统中顾客数为n的概率，倘若$n\geqslant C$时，也就是说：系统中接受服务的顾客数大于或等于服务台个数，则后续需要服务的顾客一定排队等待，记为：

$$C(C,\rho)=\sum_{n=C}^{\infty}P_n=\frac{\rho^C}{C!(1-\rho)}\rho_0 \tag{2.4}$$

式（2.4）被称为Erlang 等待公式，所表示的意思是需要服务的顾客抵达系统时需要排队等待的概率。

由此推理可知，对于存在C个服务台的排队系统，其平均排队长L_{q}公式为：

$$L_q=\sum_{n=C+1}^{\infty}(n-C)p_n=\frac{p_0\rho^C}{C!}\sum_{n=C}^{\infty}(n-C)p^{n-C}$$
$$=\frac{p_0\rho^C}{C!}\frac{d}{d\rho}\left(\sum_{n=1}^{\infty}\rho^n\right)=\frac{p_0\rho^C\rho}{C!(1-\rho)^2} \tag{2.5}$$

或

$$L_q=\frac{C(C,C\rho)\rho}{1-\rho} \tag{2.6}$$

表示系统中正在接受服务的顾客的平均数为 $\overline{C}$ ，同时 $\overline{C}$ 表示正在忙的服务台的平均数，因此有：

$$\overline{C}=\sum_{n=0}^{C-1}np_n+C\sum_{n=C}^{\infty}p_n=\sum_{n=0}^{C-1}\frac{np_n}{n!}p_0+C\frac{\rho^C}{C!(1-\rho)}p_0$$
$$=p_0C\rho\left[\sum_{n=1}^{C-1}\frac{(C\rho)^{n-1}}{(n-1)!}+\frac{(C\rho)^{C-1}}{(C-1)!(1-\rho)}\right]=C\rho=\frac{\lambda}{\mu} \tag{2.7}$$

由式（2.7）可得到平均队长L_S的公式为：

$$L_S=\text{平均排队长}+\text{正在接受服务的顾客的平均数}=L_q+\lambda/\mu \tag{2.8}$$

$$W_S=\frac{L_s}{\lambda},W_q=\frac{L_q}{\lambda}=W_s-\frac{1}{\mu} \tag{2.9}$$

式（2.9）即为著名的Little公式。

2.1.3 自组织理论

自组织理论着重研究一个系统是怎样在一定条件下由无序发展为有序、由低级有序发展为高级有序的。事实上，该理论并非单一的理论，它作为一个理论群包含了混沌理论、耗散结构理论、突变理论、协同学、超循环理论、分形结构理论以及元胞自动机理论等[12]。

耗散结构理论也称为非平衡系统的自组织理论，是由普里戈金于1967年提出的，主要研究系统由混沌转为有序的机理、条件及规律。该理论认为，对于一个远离平衡态的开放系统，系统中某参数变化达到一定临界值时，通过涨落发生突变即非平衡相变，就有可能从原来的混沌无序状态转变为一种时间、空间或功能有序的新状态，普里戈金将这种需要耗散物质和能量才能维持的有序结构称为耗散结构，把系统于一定条件下自行产生的组织性和相干性称为自组织现象[13]。

协同学是由赫尔曼·哈肯创立的，是用来研究不同类别的系统在质变过程中所共同遵循的规律的科学。他认为，在一定条件下，一个包含大量子系统的系统，因为各子系统之间存在相互作用与协作将演变成具有一定功能的自组织结构，宏观上达到新的有序状态，并将这种研究子系统间由于自身之间协同作用从而在宏观层面上产生结构与功能的具体过程和规律的科学称为协同学[13]。

耗散结构理论和协同学研究对象是相同的，都是研究非平衡态中由混沌向有序的过渡，共同推进了非平衡系统自组织理论的发展。

2.1.4 服务主导逻辑

2.1.4.1 服务的内涵

服务涉及的是有差异性且复杂的系列活动，一直以来对服务进行定义都是非常困难的事情，迄今也没有一种通用性的定义。早在20世纪70年代中期，运营管理学科已经开始思考制造与服务的区别。众多学者从不同的角度对服务进行定义。Vargo 和 Lusch[14]总结了关于服务定义的三种类型：第一种是局限的、较为传统的概念，认为服务是除了有形实体产品之外的部分；第二种则是从其附加值的角度对服务进行定义，此观点将服务视为依托于实体产品的附属物，旨在提升商品；第三种则将服务定义为服务业，此观念下将医院、学校和政府等机构所做的工作视为向人们提供特定服务的过程。基于这三种不同观点，我们总结了国内外学者们对服务的界定与定义，分为以下四类：

1）无形性判定论

早期很多学者围绕他们普遍认同的服务的几大特性进行定义，尤其是无形性。Shostack[15]认为，产品和服务不单单表现在语义上的区别，不论时间还是空间上，产品都是有形的物品，而服务的行为和进程仅仅在时间上有所体现。Quinn 等[16]，对服务的解释是转化为非实体产品及其相关部分产生的经济活动，同时，服务本身在经济活动中被消费，而且是以一种为客户提供更加便捷、舒服和健康的价值增值的形式存在的。Zeithaml 和 Bitner[17]将服务视为一种行为、过程和效果，可见在他们的观念里服务不是可视化的，可是服务也并未与实物产品实现完全的分离，而是与产品相伴相生。叶万春在综合其他学者对服务的定义的基础上，将服务定义为“具有无形特征却可给人带来某种利益或者满足感的可供有偿转让的一种或一系列活动”[18]。

2）价值比重判定论

Shostack[19]指出区分服务和有形产品最好的方式不是用单一指标来衡量，而是将各类企业所生产的所有提供物置于一个连续序列中，观察到底是有形性还是无形性占主导地位，如果是前者则更趋于有形产品，如果是后者则更趋于服务。显然，有些提供物是处于中间状态的，正如有的学者提出的，看一件提供物是产品还是服务，基本的方法是看价值来源于有形产品还是服务，如果有50%以上的价值来自于服务，那么这个提供物就是服务，反之亦反[20]。例如餐饮服务业中，食材占据消费总额的比重为20%～30%，顾客享受更多的是服务。产品与服务中有形及无形要素增加值示意图如图2.2所示。

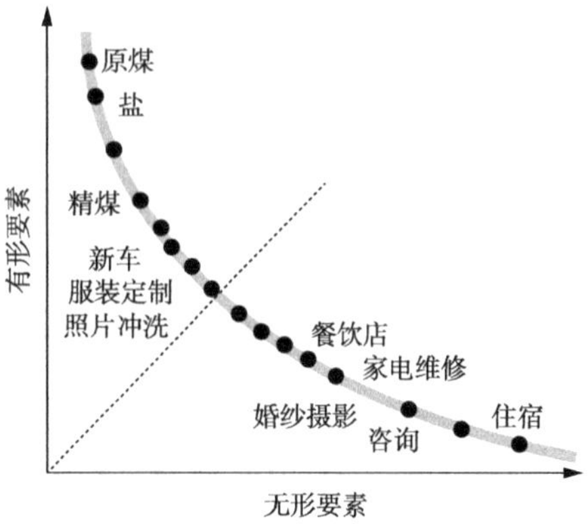

图2.2 产品与服务中有形及无形要素增加值示意图

斯密曾表示并不存在任何可以明确地将产品和服务加以区别开来的评价标准，就如同商品和货币都是商品一样，服务和产品也都是“产品”，很多情况下两者相伴相生、相互交融。叶万春依据两者交融的不同程度，将其分为纯有形商品状态、附有少部分商品的服务状态、附有服务的商品状态、纯服务状态四类[18]。

3）所有权判定论

正如Lovelock在所编著的《服务营销》[21]一书中提出的，现如今很多服务的生产和消费过程是可以分离的（如干洗、草坪修剪和天气预报），而且并不是所有的服务都具有易逝性特征，有些服务为服务接受者提供的是持久性的价值（如教育），唯有是否涉及所有权的转移是区分产品与服务最科学的一个维度，一些重要的服务营销领域学者也在反复强调这一点。Lovelock认为服务与有形产品最重要的区别是其租赁型特征，服务在交易过程中不涉及所有权的转移，接收服务的顾客只是获得某物品、空间的使用权，或者是租用了别人的能力、技能，以便与他人共享某些有形环境、设施和网络，而服务与服务之间的区别则在于服务对象的不同。早在1983年Lovelock便根据服务对象的不同，从“投入产出”角度进行阐述，将所有的服务分为四类（见图2.3）[22]。

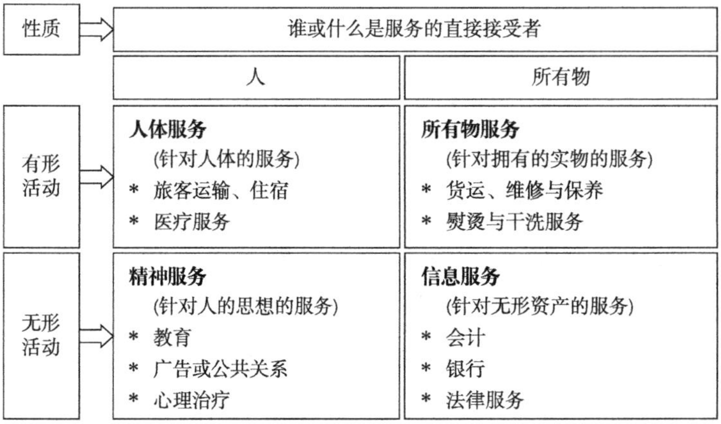

图2.3　服务的四种类型（Lovelock，2013）

4）客户－供应商二元性判定论

同样，Sampson[23,24]对“服务是无形产品”这一观点进行了反驳，认为以此为基础的定义并不能充分展现服务管理和运营含义的通用性和独特性，同时被普遍认同的服务五大特性中，易逝性、异质性、无形性、生产消费同时性并非服务的本质特性，因为非服务也可能呈现这些特性，而客户参与性也并非所有的服务都有此特性。然而他认同Lovelock在1983年对服务的定义与分类，认为在所有的服务业中客户都是供应商，即客户－供应商二元性（Customer-supplier duality），并提出“统一服务理论”（Unified Services Theory），即服务生产流程依赖顾客投入，对于所有的服务流程，顾客都饰演着供应商的角色，并将顾客的投入分为三种类型：顾客自身、有形财产、顾客信息。

2.1.4.2　服务的特性

Zeithaml等人[25]通过对大量相关文献的研究，归纳总结出为大众所认可的服务特性，分别为无形性（Intangibility）、异质性（Heterogeneity）、不可分离性（Inseparability）以及易逝性（Perishability），按其英文首字母记为“IHIP”。加上后续学者们的补充，在此将服务特性总结为以下几点：

1）无形性（Intangibility）

服务通常是无形的，比如说教育。服务购买者通常难以确保所采购服务的规格，服务的质量也难以衡量，然而这对于评价潜在服务商又非常关键。由于服务不能提前进行生产存储，顾客也就不能对服务提前进行观察、感知，顾客在选择服务时对企业的声誉、地理优势等依赖性较大。

2）异质性（Heterogeneity）

顾客独特的需求从本质上改变了每项服务商品的内容，不同的顾客对同一服务的要求会有所不同，这导致服务供应商不太可能提供完全标准化的服务过程。由于很多服务的无形性以及不同顾客感知能力的差异，使得不同顾客对同一服务的满足感和评价也不同，因此服务质量也就难以衡量和监控。

3）不可分离性（Inseparability，或译为生产与消费的同步性）

服务过程通常是顾客先进行购买，然后在生产的同时进行消费。不存在提前期以便为应对不确定性进行缓存。Sampson[23]甚至认为这本质上就是一个JIT系统。加之难以进行存储，显然不难发现富有弹性的能力调整对于服务供应链的成败是至关重要的。

4）易逝性（Perishability，或译为不可存储性）

服务不像产品那样可以预先生产进行存储以待销售，其生产和消费的过程是需求拉动的，必须有顾客的参与，否则服务供应商所预先具备的产能便无法实现其价值。如酒店房间若是当天不能外租出去，其当天的产能便永久消失，而不能存储以待日后销售。但若是顾客参与数超过预备的产能，又会造成排队等待。

5）顾客影响（Customer Influence）

传统产品的生产过程很少有顾客的亲身参与，但服务的生产和消费过程中顾客扮演着非常重要的角色，甚至是在服务交付启动初期，作为服务生产的重要投入者（提供顾客自身或其所有物），此时便表现出客户–供应商二元性。例如家电维修服务的履行需要首先获得顾客待维修的家电，快递服务则要获得客户待运输的包裹。顾客供应商一旦提供了输入，服务便即刻开始，这很大程度上考验了管理者计划和能力管理的能力。

6）无主权性（Non–ownership）

服务区别于产品的最本质的特征是，在服务生产以及消费过程中并不涉及所有权的改变。顾客的货币支付购买的是特定时间区段对某项资产的使用权，而非所有权，这种资产可能是场所（旅馆）、人力（心理咨询）、技术（维修）、货物

（轮船）、环境（公园）等等。

尽管众多学者试图通过识别服务共有的关键特性或属性来定义服务，但多年来，现有的观念普遍集中在上述服务的前五个特征。而这五个特征要么完全由顾客输入的存在进行解说，要么作为服务流程的唯一特性容易被驳倒。因此Lovelock强调无主权性是服务的本质特性。

2.1.4.3 服务与商品的区别

格罗鲁斯教授将服务视为一系列多多少少包含具有无形性特征的活动而组成的过程。俞海宏[26]认为服务基本上属于无形的任何行为或绩效，此外不会造成相关所有权的变动，服务的生产或许与实体产品相关，或许与其无关。其他众多学者的观念中大多赞成服务是可以用于交易的特殊化商品，通常体现在无形性特征及活动，作为向需求方提供时间、空间以及形式效用的经济活动、过程及体现方式，往往是存在于和人及有形资源之间互动过程中，在此过程中涉及的实体商品所有权不会转移，最终是以涉及的物品的位置、形态以及服务接受者的改变加以体现。服务与商品的区别对比如表2.1所示。

表2.1 服务与商品的区别对比

区别比较	服务	商品
是否有形	难以看到和理解	有形
顾客角色	顾客本身是重要的投入提供者，即存在“顾客-供应商二元性”	顾客只是单纯的产品购买者
产出的相同程度	投入产出异质性极大	标准化
生产过程特点	生产、让渡和消费同时发生	生产、分销与消费过程不同时发生
产出的表现	一种活动或过程	一种物品
核心价值实现	核心价值在买与卖的交互过程中实现	核心价值在工厂中生产出来
顾客参与	顾客参与服务过程	顾客一般不参与生产过程
存储性	多数无法存储	可以存储
占主导地位的要素	无形要素	有形要素
所有权转移	不涉及所有权的转移	涉及所有权的转移

从现有文献看，不论是国内学者还是国外学者，在“产品”（products）和“商品”（goods）的使用上都是混乱的，甚至是等价使用的。同样，在人们的经济实践活动中，“产品”这个词原来被广泛应用于制造业所生产的有形商品，但近年来，越来越多的服务企业将他们所提供的不同类别的服务称为产品，进而实施

差异化的营销策略，例如保险公司将他们提供的不同套餐组合称为产品。传统的制造企业也越来越重视附加服务的供应，产品服务化的潮流推动着产品向服务的融合，两者的界限变得越来越模糊了。由于用词的准确性会影响到文章后续有关供应链定义、分类等的准确性，所以有必要对产品和商品进行简单的区别描述。

根据马克思经济学观点，一物可以具有使用价值而不具有价值，如空气；一有用的物可以是人类劳动产品，但不是商品，产品必须通过交换才能成为商品，商品是使用价值和价值的统一[27]。构成商品使用价值需要具备以下四个必要的条件，首先，这种商品必须对人有用处，可以满足人们的某些需求；其次，对人们有价值的物品一定是人们经过劳动才能转为商品；再次，这种使用价值不是体现在对生产者本人而是针对劳动者之外人们有用的使用价值以及社会的使用价值；最后，商品的使用价值不单单是为别人的、社会的使用价值，正好相反，它是经过交换取得的目的是为他人和社会的使用价值[28]。因此，商品是用来交换并且具有使用价值的劳动产品，商品是产品，但是产品未必是商品。

由此可见，通常情况下我们研究的是可以用来在市场上进行交换的那部分产品，准确地说是商品。例如文中后续研究所涉及的煤炭，是在供应链链条中通过交换实现其使用价值的商品。为保持引用文献的准确性，我们在引用国内外参考文献时根据原作者的描述，将产品（products）和商品（goods）进行相应的翻译。

2.1.4.4 服务主导逻辑（Service-dominant Logic）

服务主导逻辑出现之前，一直是商品主导逻辑占据学术研究的主导地位。商品主导逻辑根植于古典经济学，强调的是商品的交换价值。该逻辑下商品处于中心位置，企业是价值创造者，顾客是价值的毁灭者[29]，而服务被看作是商品生产和销售的辅助物。经济活动的目的是生产并分配可以售卖的商品，为了实现售卖，一定要在商品生产和分配的过程中体现出对人们有用的东西或价值，并且相对竞争者的提供物而言，这些物品必须为顾客提供更优的价值；公司追求生产效率和效益的最大化，商品的生产和销售通常是相分离的；商品可以被存储直至接到需求订单，并以一定的利润交付给顾客[14]。

早期文献很少提及“非物质产品”或“服务”，虽然Frederic Bastiat很早便不认同这种有形商品为主导的观念，认为“服务交换服务（Services are exchanged for services)”[14]。Levitt[30]也提出，所有的行业都是服务业，只是服务贡献率的大小有所区别而已。李铸[31]提出商品的本质就是有偿服务，服务是向他人提供特殊的使用价值，但不论是生产实践还是学术研究，都处于“重商品轻服务”的状态，商品主导逻辑始终是人们认识经济活动的主流观念。

随着网络信息技术、世界各国服务业的迅猛发展，以及传统制造业的服务化转型，服务成为人们生产生活不可或缺且逐日重要的一部分，学术界也陆陆续续有众多学者开始重视服务的社会经济地位。Vargo 和Lusch[14,32]在其著作《Evolving to a New Dominant Logic for Marketing》中，通过整理、分析、归纳已有研究成果，提出了“服务主导逻辑”，如表2.2所示。

表2.2　服务主导逻辑基本假设修订过程

假设	2004年	2006年	2008 年	2016年
1	专业知识和技能运用是交易的基本单位	无变化	服务是交易的根本基础	无变化（原理一）
2	间接交易掩盖了交易的基本单位	无变化	间接交易掩盖了交易的根本基础	无变化
3	商品是提供服务的分销机制	无变化	无变化	无变化
4	知识是竞争优势的根本来源	无变化	操作性资源是竞争优势的根本来源	操作性资源是战略利益的根本来源
5	一切经济都是服务经济	无变化	无变化	无变化
6	顾客通常是共同生产	无变化	顾客通常是价值的共同创造者	价值是由多个参与者共同创造，总是包括受益人（原理二）
7	企业只能提出价值主张	无变化	企业不能交付价值，只能提出价值主张	参与者不能传递价值，能够参与创造和提供价值主张
8	以服务为中心的观点是以顾客为导向并注重关系的	无变化	以服务为中心的观点固然是以顾客为导向并注重关系的	服务中心观点必然是受益人导向和关系性的
9	—	组织存在的目的在于将微专业化能力整合、转化成市场所需的复杂服务	一切社会和经济活动者都是资源整合者	无变化（原理三）
10	—	—	价值总是由受益者独特地用现象学方法来决定	无变化（原理四）
11	—	—	—	价值共创通过参与者创造的制度和制度安排来协调（原理五）

资料来源：根据Vargo和Lusch（2004，2006，2008，2016）整理。

在过去的几十年中，资源观发生了变化。资源不再是单单被视为静态的、为取得优势而争取的东西（stuff），而是被视为人类独创性的、无形、动态功能。从审视资源的世界观出发，资源可以分为对象性资源/被操作资源（Operand resources）和操作性资源（Operant resources），对象性资源是为产生效果而进行的操作或行为所作用的资源，而操作性资源是作用于对象性资源（或其他的操作性资源）[33]。服务主导逻辑属于由IBM首次提出的服务科学的范畴，强调的是使用价值。资源观的转变是服务主导逻辑提出的基础，该逻辑将操作性资源理解为最主要的部分，因为他们是效用的生产者。

2004年的文章从相对微观的、二元的层面理出了主流市场营销的关注点由产出（如产品）向过程（如服务供应、价值共创）的转变，后续的文章[34][32][35]（Lusch and Vargo 2006；Vargo 2008；Vargo and Lusch 2016 ）对2004年提出的八大基本假设进行了修订和完善，最终形成十一大基本假设。随着服务主导逻辑的提出与不断发展，众多学者在其基础上发展出服务逻辑（Grönroos等人）、服务科学、服务生态系统等，研究价值共创的视角也从企业-顾客二元关系转为多个参与主体之间的网络关系。

2.2 服务供应链研究综述

对于供应链的称谓，国外学术领域还是较为一致的，将商品主导逻辑下的供应链称为“manufacturing supply chain”；将服务供应链称为“service supply chain”“service-oriented supply chain”，并以前者居多。国内文献对不同提供物主导下的供应链称谓与国外有所不同，大多将以商品/产品为主要提供物的供应链称为“产品供应链”“产品主导型供应链”“产品制造供应链[36]”，并以“产品供应链”居多；而对以服务为主要提供物的供应链称谓较一致，几乎都称为“服务供应链”。文中除了引用部分，我们用“制造供应链”来描述与“服务供应链”相对应的供应链。

国内外对服务供应链的研究仍然属于初级阶段，可以理解为制造供应链研究的延伸，研究路线与其他学术问题大致相同，基本上都集中在定义研究、分类研究、结构研究、已有制造供应链研究成果在服务供应链领域应用的适用性及两者的区别研究、服务供应链通用特性研究、具体行业应用研究等。

2.2.1 服务供应链的定义

虽然国内很多学者将Lisa M. Ellram[37]于2004年发表的《Understanding and Managing the Services Supply Chain》作为服务供应链研究的标志性研究起点，但实际上早在1993年，Armistead和Clark[38]便探索将价值链概念应用到建立服务交付策略中，这或许是首次尝试将服务融合到供应链背景中。迄今为止，国内外众多学者对服务供应链的定义可以说是五花八门、各有千秋，但大多较为片面，不具有通用性，也不能涵盖日常生活中出现的所有的服务供应链类型。各位学者给出的服务供应链的含义总体上可以划分为以下几种：

1）服务供应链是服务行业的供应链，并尝试将传统制造供应链的管理理念、工具、方法应用到服务业

Lisa M. Ellram[37]于2004年发表的文章中阐述，鉴于日趋重要的服务业，重点研究了专业服务供应链及专业服务的采购，并将服务供应链定义为：对从最初供应商到最终用户过程中涉及的信息、流程、能力、服务绩效以及资金进行管理。Sengupta等[39]从制造业和服务业出发，研究了制造供应链和服务供应链的相似点和不同点。Baltacioglu，Ada[40]分析服务业的独特属性及已有供应链管理文献对于服务业的适用性，基于Ellram的模型，构建服务供应链模型，将其扩展至七大服务流程，包括需求管理、能力与综合资源管理、客户关系与供应商关系管理、采购流程管理、服务绩效管理、信息和技术管理，并将该模型应用到医疗产业。Drzymalski和Usa[41]从服务业的视角，对比了制造供应链和服务供应链的不同，将现有的服务供应链框架分为以流程为中心和以绩效为中心两类。

刘伟华等[42]认为产品供应链描述的是以实物产品为中心展开的制造行业供应链，但是服务供应链描述的却是围绕服务行业中服务产品开展形成的供应链，并将服务供应链定义为围绕服务核心企业，借助现代信息技术，再对整个链条上所涉及的服务能力流、信息流、资金流、实体流等加以管控，进而达到用户价值以及服务增值的复杂过程[43]。

2）服务供应链是传统商品为中心的供应链中涉及服务活动的部分

商品的分销、配送，以及售后的维修和回收等环节，在商品的整个“生命周期”中，服务在现代企业运营中越来越重要，成为很多企业盈利的核心点，有的学者将此类产品供应链运作流程和无形服务相关环节及活动称为服务供应链，并将其理解为传统的以商品为中心的供应链的扩展和延伸。De Waart，Dirk和Kemper，Steve[44]提出服务供应链旨在辅助支撑实体产品涉及的售后服务而涵盖的生产所需物料的计划、转移以及维修这个流程及活动，提出“五步法”作为服务供应链管理实践方法。

3）服务供应链是以服务为主导的集成供应链网络

鉴于客户服务需求的复杂化、定制化、即时化，单一微专业服务企业无法应对日趋严峻的市场环境，于是涌现出大量服务集成商，他们善于捕捉客户需求，并整合协调现有各类功能服务提供商，以此满足客户服务需求。国内服务供应链学术研究者大多集中于此类特殊供应链模型的研究，并形成了较为体系化的研究成果。此种服务供应链虽然不单单局限于服务业，但因其结构模式的特殊性，也不能涵盖所有服务供应链类型。

程建刚、李从东[45]将众学者给出的服务供应链内涵归纳为：第一种提出服务供应链即为传统供应链中涉及无形服务的那些环节与活动；第二种提出服务供应链将已有的源于实体产品供应链管理的理论及方法进行服务行业中有形产品的管理；第三种提出服务供应链将已有的源于实体产品供应链管理的理论及方法进行服务行业中无形服务的管理。

2.2.2 服务供应链的分类研究

国内外学者从不同的角度对服务供应链进行分类，其中分类较为合理、覆盖面较为全面的有以下几种。

（1）Sampson[23]根据Lovelock对服务的定义，从投入产出的角度，依据服务供应链中产品流是否单双向，将服务供应链分为三种类型：

单级双向供应链（Single-level bidirectional supply chain）。在单级双向供应链中，客户向服务供应商提供输入，由供应商将输入转化为输出并交付给客户。如家电维修，客户提供坏的家电给服务供应商，服务供应商将坏家电维修好（增减零件、投入脑力及体力服务）之后重新交付给客户。

二级双向供应链（Two-level bidirectional supply chain）。在二级双向供应链中，服务供应商雇佣其他服务供应商来辅助客户投入的转化过程。如客户带着拍摄的电子照片去照相馆洗照片，照相馆将电子照片送往专业洗照片的服务商，之后再把洗好的照片交付给照相馆，由照相馆交付给客户。

单向供应链（Unidirectional supply chain）。此类服务供应链并不是双向的，客户向供应商提供投入，由供应商对投入进行处理并交递至不同于原客户的实体，如快递服务业。

（2）贾清萍[46]按照链条中服务实体类别将服务型供应链归纳为产品服务供应链、顾客服务供应链以及信息服务供应链等。

① 产品服务供应链，其实体流动以产品为主。作为产品供应链的一种延伸，许多传统制造企业逐步转型，由原来单纯为顾客提供产品转为在提供产品的同时加大增值服务供应比例，也就是产品服务化现象。现在通常出现在制造业、商业以及能源行业，其供应链的主导企业有分销企业、超市连锁企业等。

② 顾客服务供应链，实体流动以人为主。通常存在于教育培训、医疗服务、住宿旅游、银行服务、养老服务等，所提供的服务往往体现为学习、治疗、住宿、陪护等。

③ 信息服务供应链中涉及的实体流动往往是信息，是在顾客的要求下对特定信息进行传递从而获取收益的增值服务。现如今通常存在于咨询行业、影视传媒行业、管理咨询行业等，其供应链的服务形式主要有网络广告宣传、媒体策划、一体化解决方案等。

（3）Wanga等[5]在把在产品（product）分为有形物质产品和服务产品的基础上，将服务供应链分为纯服务供应链（Service Only Supply Chains）——供应链系统中的产品（products）是纯服务（pure services），并没有物质产品，和产品服务供应链（Product Service Supply Chains）——供应链系统中同时具备物质产品和服务。

2.2.3 服务供应链的行业研究

自从服务供应链成为学术研究的前沿和热点以来，学者们广泛探索以各具体服务行业为背景的服务供应链。国外服务供应链的研究领域有医疗产业[40,47]、电信业[48,49]、抵押贷款服务[50]、管理咨询业[51]、邮轮产业[52]等。例如Cook，DeBree等[47]研究供应链管理在医疗产业中的应用，阐述了供应链管理的五大工具：客户关系管理、技术、预测、外包、成本管理，发现对供应链功能系统整合的缺乏，阻碍了供应链管理相关理论及方法在服务业中的应用实践。Breidbach和Reefke[51]以管理咨询业为例研究了服务供应链的形成及其协同机理。Véronneau和Beaulieu[52]研究了供应商对邮轮产业服务质量产生积极贡献的途径，以及邮轮公司和供应商之间关系的本质。

通过CNKI检索，从2002年到2016年有关物流服务供应链研究的学术论文总计251篇，占服务供应链研究文献总数近一半的比重，其中期刊论文182篇，硕士论文49篇，博士论文14篇。其次是旅游服务业[53-58]、养老服务业[59-61]、医疗服务业[46]、金融服务业[62]、培训服务业[63]、咨询业[64]、网上零售业[65]、餐饮业[66]等领域。

2.2.4 服务供应链的牛鞭效应研究

Anderson, E. G.和Morrice, D. J.[50,67]认为服务业通常不能持有库存，只能通过能力调整来管理订单积压，并以教学课程实验为目的，运用系统动力研究不稳定需求状态下服务供应链的动态行为，以此来分析管理者运用终端用户需求信息来减少积压和调整成本，进而改善牛鞭效应的效果如何。文章以从申请提交到批准的简化抵押审批流程服务供应链为例进行研究，设计了“抵押服务游戏”来替代“啤酒游戏”，以此寻找大多数服务供应链所具备的基本要素，研究发现服务供应链同样存在牛鞭效应，终端客户需求信息的分享有助于减小供应链放大效应。

Anderson等[68]对存在需求变动和信息共享的服务供应链建模，通过系统动力学仿真发现在服务或者客户定制背景下，如果不对提前期与能力调整进行谨慎协调，提前期的缩短有可能加剧牛鞭效应。特别是提前期的缩短通常会减小局部积压方差，同时常常会加大高阶段的积压方差。此外，共享终端客户需求可以减少库存供应链中的积压方差，但是过度依赖于涉及本地信息的需求共享，事实上可能会加大高阶段的需求方差。最后，通过在整个供应链实施均匀参数指标来追求系统范围内过程提升的自然趋势，加剧了高阶段的需求方差、能力方差和积压方差。相反，将大部分的系统积压保留在靠近终端客户需求阶段的非对称策略则相对更好。

Akkermans[49]以电信产业为例，运用系统动力学研究服务供应链的放大效应，构建类似于Anderson和Morrice[50]的抵押服务供应链的四阶段结构模型：销售、服务开通、安装、开具账单。这种放大效应表现为订单积压和工作量水平，而且以往对库存有效的应对策略在此并不适用，这将造成工作量水平与低服务质量之间的恶性循环。

2.2.5 混合供应链研究

学术界对供应链的定义由来已久，但始终没有一个统一的定义。2007年5月1日颁布的GB/T18354—2006《物流术语》中提出供应链是在生产及流通过程中为了向最终用户提供产品或服务而形成的网链结构。通常学者据此以及国外有关服务的定义，将供应链分为产品供应链和服务供应链。少数学者突出强调有相当一部分供应链并不是单纯的产品供应链或服务供应链，而是为顾客提供有形产品与无形服务的混合体，并将其称为混合供应链。

目前仅有少数学者对此类混合供应链进行了研究，国内相关研究文献只有10余篇，并普遍将此种类型的供应链称为“服务型制造混合供应链”。事实上，虽然称呼相同，但从已有的研究成果来看，根据核心企业的不同，可以将“服务型制造混合供应链”分为两类：服务型制造混合供应链和产品服务混合供应链。供应链研究类别如图2.4所示。

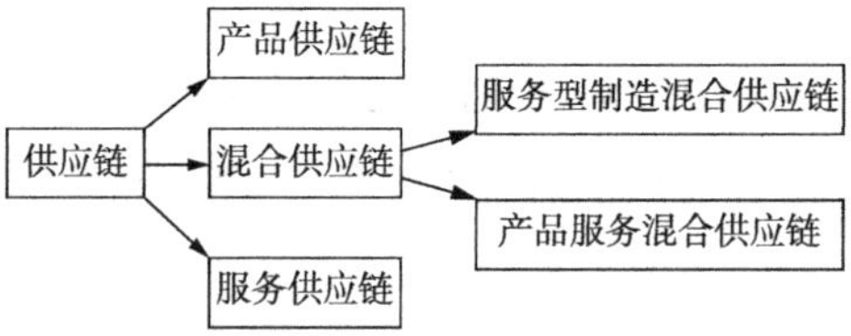

图2.4 供应链研究类别

1）以服务型制造企业为核心的服务型制造混合供应链

此种类型的混合供应链是在制造业和服务业相互融合的背景下诞生，源于把产品内涵从单纯的有形产品扩展至基于产品的附加服务这一服务化进程，并借助于网络协同合作达到传统制造业往现代服务业延展，以及服务业向传统制造业靠拢，从而向目标客户提供“产品服务系统”[69,70]。但此类混合供应链的根本立足点依然是制造，如图2.5所示。

王康周、江志斌、林文进等[71]认为服务型制造是服务和制造不断相互融合的情况下出现的新型制造业模式，服务型制造混合供应链是由不同功能企业以提供产品和服务为目的进行横向、纵向联结形成的复杂集成供应网络结构。

Viswanadham等[72]将为顾客从产品购买到后期处理的整个产品寿命周期提供一系列产品及相关服务的企业群体称为制造服务集成网络（Integrated Manufacturing and Service Network），并运用系统动力学研究了该集成网络的行为，以及由制造和服务系统之间的不匹配及延迟所引发的牛鞭效应。

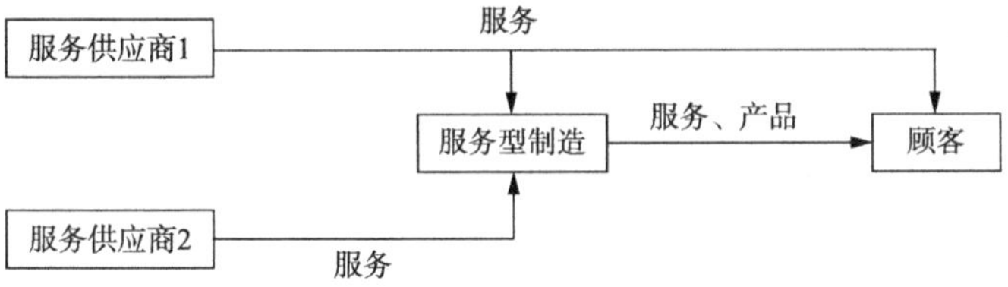

图2.5　服务型制造混合供应链

2）以服务集成商为核心的产品服务混合供应链

俞海宏[26,73]将服务供应链分为纯服务供应链和混合服务供应链（既提供服务产品又提供物质产品的供应链），并把此类服务供应链定义为由综合服务供应商、专业型服务供应商以及支持性服务供应商、实体产品供应商和消费者组成的供应网络，如图2.6所示。

崔嘉琛[74]认为制造型服务供应链是一种服务系统，该系统包含上游的顾客、中游的服务集成商，它向最终用户提供的是能够涵盖整个生命周期的服务集成，最终实现在服务交付情境中客户对于产品的属性、功能效果的价值需求。

马超[75]认为混合供应链包括产品及服务供应商、集成商和顾客三部分，是制造、服务供应链以及顾客的一体化融合，在市场机理的有效作用下，将服务作为主导，客户作为运作的中心，人财物等资源的合理配置作为媒介，旨在最大限度地创造竞争优势，为用户提供一体化解决方案。

王康周[76]运用系统动力学研究了由产品供应链、服务供应链以及制造和服务供应链集成的多级混合供应链，此种类型供应链包含五大主体：顾客、集成商、服务供应商、实体产品供应商以及实体产品供应商的供应商。

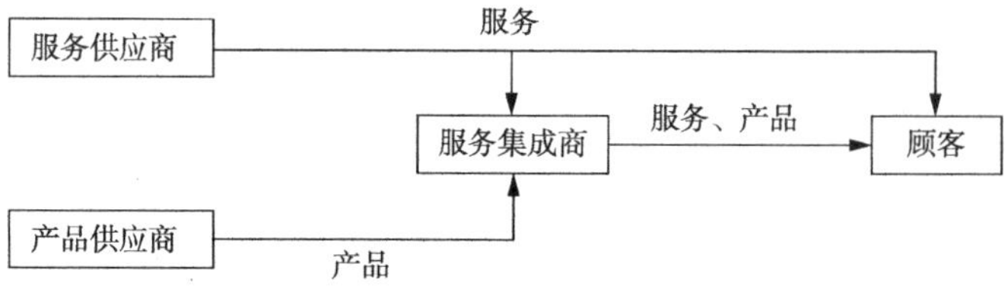

图2.6 产品服务混合供应链

这两种供应链的相同点在于同时存在有形产品和无形服务的流动，都以顾客需求为核心，顾客参与产品服务包的设计制造过程，运营管理中既存在产品库存，也存在服务积压。

2.2.6 服务供应链与制造供应链的异同研究

2.2.6.1 两者的共性

正如Zhou，Park和Yi[77]所言，现有的文献通常重点研究制造供应链（manufacturing supply chains）和服务供应链的区别，而并没有对两者的共同点进行过多讨论。这是很自然的，因为服务和制造有着很多相似的流程，且最终的目标都是追求运营和财务上的成功。Nie和Kellogg[78]的一项调查显示，许多既是运营管理教育者，又是生产运营研究者的人员都不赞同服务应该以不同的方式，使用不同的理论、技能、能力及语言等进行研究。拒绝认同服务研究是一个新领域的原因是制造业和服务业真的有很多共同点，两者的共性很可能远远大于差异。两者的共性往往说明生产制造领域发展的技术和管理见解向服务领域的可转移性。因此，共性还是很值得讨论的。

一些制造供应链的相关见解已被证实适用于服务供应链。例如，Hurkens等[79]研究了一个汽车玻璃服务公司在采购实物商品时，其许多方面和评估过程都与生产制造背景下的采购决策极为相似。因此，传统制造环境下的总拥有成本（TCO）概念也适用于此。该研究证明许多决策共存于服务业和制造业。这种共性意味着生产制造技术方法可以被轻易地转移用到服务背景Stewart和Chase的研究[80]是使用应用于生产制造背景的通用误差建模系统（GEMS）研究服务故障，结果表明GEMS可以应用于识别服务交付过程中出现的故障。

在战略和操作层面，产品和服务供应链之间也存在管理共性。Anderson 和 Morrice[50]修订了制造供应链中经典的啤酒游戏，并将其应用到抵押贷款服务中，证实了顾客需求信息共享可以减小牛鞭效应，而信息共享是传统制造供应链中的经典策略。Akkermans和Vos[49]研究了服务供应链的牛鞭效应，他们采用案例研究的方法识别服务供应链中牛鞭效应的根本原因（需求信号和价格波动）及应对策略。Demirkan和Cheng[81]表明，让最靠近需求的实体企业协调供应链也会使得服务供应链中所有的合作伙伴更加获利。Sengupta等[39]比较策略实践对供应链绩效的影响，其相关性分析表明信息共享与服务供应链和制造供应链的财务绩效呈正相关。

众学者对两者共性的观点总结如表2.3所示。

表2.3 服务供应链与制造供应链的共同点

来源文章	共同点
Hurkens et al.（2006）	采购决策
Stewart 和 Chase（1999）	交货流程中的误差成因
Demirkan 和 Cheng（2006）	SCM协调——信息
Anderson 和 Morrice（2000）	牛鞭效应存在性
Akkerman 和 Vos（2003）	牛鞭效应起因——需求信号、价格波动

2.2.6.2 两者的区别

1）制造供应链

制造供应链结构如图2.7所示。从结构上来看，制造供应链通常是线性的，其产品流是从供应商到顾客的单向流动，除了逆向物流，向上游移动的是信息，如订单、意见反馈、支付信息。产品制造商可以在没有顾客参与的情况下，通过市场需求进行预测，提前对产品成品或半成品进行生产、储存，后期结合顾客订单对半成品进行定制化生产，因此制造供应链通常是推动型和拉动型并存，供应链的上游往往是推动型，下游是拉动型。这种供应链牛鞭效应的产生通常源自需求信号弱化、订货批量的浮动、价格波动的大小及决策过程中的短缺博弈。

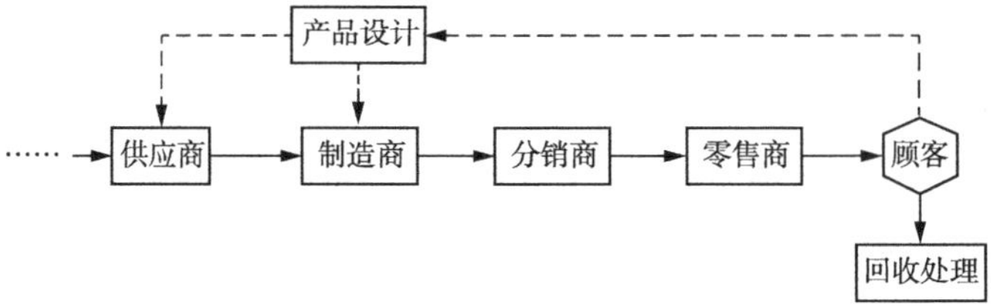

图2.7 制造供应链结构图（Sampson，2006）

2）服务供应链

服务供应链典型结构如图2.8所示。服务供应链通常是很短的。因为服务通常具有显著的无形性和易逝性，服务供应商不像产品供应商通过漫长的下游渠道存储和销售产品，因此服务供应链中不存在分销商及零售商。同时服务的不可存储性使得供应商无法提前生产并存储，也就不存在库存，供应商应对需求波动靠的是服务能力的灵活调整。此类供应链同样存在牛鞭效应，只是其表现形式不同于制造供应链，主要表现为订单的积压。服务供应链是完全需求拉动型的，只有有了服务需求订单后才能激活整个链条的运作。而且服务生产和交付的整个进程中不可或缺的是顾客的直接参与，服务完结后顾客的直观感受对供应商的长期发展至关重要。

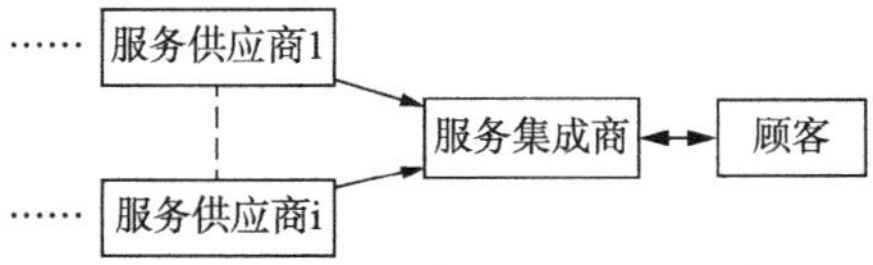

图2.8 服务供应链典型结构图

制造供应链与服务供应链的区别的汇总表如表2.4所示。

表2.4 制造供应链与服务供应链之间的区别对比（刘伟华，2009）

视角	制造供应链	服务供应链
交易的单元	商品	服务
价值实现的方式	由一方单方面实现	由双方共同实现
供应渠道	原材料供应商——制造商——批发商——销售商——顾客等较长的渠道	通常很短，典型的结构为功能性服务提供商——服务集成商——顾客
运营模式	通常上游推动型，下游拉动型相结合	通常为拉动型
牛鞭效应影响因素	需求信号、订货批量、价格波动、短缺博弈	价格波动、短缺博弈
牛鞭效应表现形式	库存堆积等	订单积压、能力利用率波动等
绩效评价	基于产品运作的绩效评价，易操作	基于服务的绩效评价，主观性强
资源整合类型	对象性资源	操作性资源

2.3 煤炭供应链研究现状

国外学术界对煤炭供应链的研究相对匮乏。一方面，国外将大宗商品销售划分为贸易服务业，对其供应链共性研究已经较为成熟。一方面，因为对煤炭、石油、矿产品等大宗商品的生产、销售进行了明确的市场化、专业化分工，也就没有对这些具体行业进行重复研究。另一方面，国外（美国）的煤炭开采多以露天为主，生产地域集中，且多用于发电，故其煤炭产销市场远远不及我国复杂，因此学术上也就没能呈现出太大的必要性。

国内学术界对煤炭供应链的研究虽然比国外丰富，但因我国煤炭行业经历了跨度显著的“黄金期”和“衰退期”，煤炭黄金时期是完全的卖方市场，煤炭产品一直处于供不应求的状态，整条煤炭供应链上的各个节点企业都享受着来自买卖差价的暴利，相比之下，大多煤炭企业对供应链管理所带来的“蝇头小利”必然是不屑一顾的。正是因为过去煤炭行业供应链管理者实践起步较晚，从而导致我国学术界对煤炭供应链的研究相对不足、不成体系。

加之我国国有煤炭企业不论是企业规模还是市场规模，在整个煤炭行业均占据绝对的主导地位，所以以往学术研究者们研究煤炭供应链往往是以煤炭企业为核心，研究的主题集中在煤电供应链、供应链风险、库存优化、绿色供应链、供应商选择、绩效评价、碳排放等。只有极少数学者将非煤炭生产企业作为供应链的核心企业。

2.3.1 以煤炭生产企业为核心的供应链

以往的研究中，人们通常将煤炭生产商作为煤炭供应链上的核心企业，对其管理的研究往往围绕煤炭生产商展开。通过对已有研究归纳发现，大多文献给出的煤炭供应链的含义都是以企业、行业为出发点。

1）煤炭企业供应链

煤炭企业供应链管理是以企业的角度，按企业所具备的特征对煤炭供应链管理加以界定，而煤炭企业是此链条上的核心企业，往往视利润最大化为目标发现存在的问题，从而进行管理优化。陈建生、王立杰将煤炭企业供应链分为内、外两类，处于核心位置的煤炭商不仅需要有针对性地实施内部变革，为实现整体利益还要有效整合各节点企业，达成企业间联盟[82]。朱金艳等研究了大型煤炭企业内部供应链多目标动态优化模型，并以徐矿集团为例进行实证分析[83]。赵晓丽、乞建勋研究了煤电企业供应链的利益分配机制[84]。王金凤全面剖析此类供应链在管理实践过程里潜在的问题，进而提出相应的整顿途径[85]。苏丽琴等同样把煤炭生产商视作核心，把煤炭供应链划分成位于上游位置的供应商、各节点企业内部以及位于下游位置的销售商，同时把其范围局限在前期产煤所需设备的采购至后期成品煤销售全流程，用信息化相关理论知识对以上模块加以阐述[86]。在赵怡晴、李翠平的观点下，煤炭企业供应链将煤炭生产商作为核心企业，并且涵盖位于煤炭企业上游的物资供应商，以及位于下游的发电厂、建材、冶金、化工企业为主的煤炭用户[87]。曹恒亭、李乃梁从产煤必备物资出发探究煤炭企业供应链存在的问题，研究发现位于链条上游的物资供应商类别、数量都很多，导致其管理效率低下，可以采取组织变革、加强供应链运作绩效评价等措施对其进行改善[88]。宋彧、李魏魏等提出将煤炭生产商作为核心企业，广泛应用信息网络技术于链上各节点企业，以此搭建网络集合体[89]。

2）煤炭行业供应链

煤炭行业供应链是从煤炭行业的共性出发，从全煤炭行业的角度来研究煤炭供应链所具备的特征及相关管理措施，这就包含了一切有关煤炭行业及企业的环节。王艳梅、王晓松对煤炭行业供应链进行了定义，并将其整体运作环节归纳为采购生产所需设备、相关原料，前期的勘探准备及开采、中途运输与存储、煤衍生品生产、产成品的销售等[90]。闫丽丽等从煤炭企业分布、煤炭系统供应商以及用户三方面出发构建了煤炭行业供应链协同网络模型[91]。

3）煤炭供应链

虽然很多学者将其称作煤炭供应链，但有关煤炭供应链的界定与煤炭企业供应链以及煤炭行业供应链是有所重叠的，甚至是相同的。彭晨、岳东将煤炭供应链运行视为综合煤炭市场上各类用户需求信息，以此生产符合顾客指标要求的煤炭的过程[92]。吴永平、宋华岭、李金克把我国的煤炭供应链放置于国际煤炭供应系统这个宏观环境下，将煤炭资源供应链国际化系统视为复杂系统，并且受诸如跨区域地理位置、资源局限性、政治、经济、文化习俗差异等的影响[93]。吕涛认为煤炭供应链系统要素是众多类型企业的集合，比如前期的资源勘探企业，位于中游的煤炭生产企业，位于链条中下游的煤炭销售、运输企业，以及位于最下游的煤炭用户等[94]，供应链的内部影响因素包括煤炭资源、生产、运输、存储、消费，外部影响因素包括自然环境、政治、经济、政策环境等[95]。王冬冬从煤炭内部供应链和外部供应链的角度出发对煤炭供应链的风险因素进行了分析[96]。屈国强把煤炭供应链视为在资金流、信息流的流动中，围绕煤炭产销过程，涉及生产商、上游供应商、下游用户煤矿，并以煤炭生产商为核心企业所形成的高度集成且能有机运转的功能链结构[97]。

综上所述，现有文献对煤炭供应链的称呼虽然在具体分类、涵盖的节点企业和定义描述上有所差异，但在其定义上却是大同小异，绝大多数都是以煤炭生产企业为供应链的核心企业。此外，当消费用户是发电企业时，学者们通常称之为电煤或煤电供应链。如此一来，大多将煤炭生产环节纳入其中，而没能突出煤炭流通环节供应链管理的效能。

2.3.2 以非煤炭生产企业为核心的供应链

极少数学者可以跳出常规，将煤炭物流中心、煤炭销售企业作为供应链的核心企业进行研究，如于洋[98]构建了一条以煤炭物流中心为核心企业的拉动式网状供应链。陈红梅[99]提出以铁路为核心节点搭建煤炭物流服务供应链信息共享平台。张志军、袁旭梅[100]以秦皇岛睿港煤炭物流有限公司为例，阐述了以物流服务集成商为核心企业的煤炭物流服务供应链。纪晓文[101]以煤炭销售企业为核心的供应链，并将其命名为营销供应链。张艳[102]以煤炭运销企业为核心，构建了由煤炭生产商、煤炭加工商、煤炭运销商以及各类煤炭用户组成的四级煤炭供应链。

国务院发展研究中心的钱平凡可以说是学术界首位强调以为用户提供服务为主题进行煤炭供应链管理的学者，他认为系统性和集成化的服务是煤炭供应链管理的本质，将煤炭供应链视为从坑口到炉口所涉及的活动流程及价值流形成的网链结构，对其管理则是为了不断改进并提高其运作效能[103]。李敏[104]便是在钱平凡等人的指导下，首次从流通的角度将煤炭供应链定义为起始于坑口，终止于炉口整个过程所涉及的一切中间环节，比如海内外煤炭的采购及销售、流通过程中所需的加工、仓储服务，以及链条上涉及的信息流、资金流等服务。

周健奇、刘伟等[105]提倡加强煤炭流通领域的供应链管理，认为煤炭供应链管理指的是煤炭供应链管理服务商利用自身优势全面高效地开发、集成各类供应链资源，把链条上各节点企业加以组织整合，为最终用户提供个性化、一体化解决方案。

2.4 已有研究成果评述

国内外学者们对服务的定义、特性及其与商品的区别、价值共创机理等研究已经很全面了，尤其是在营销领域，众多学者对服务营销及其管理战略进行了深入的探讨。但在将服务与商品的研究理念转嫁到供应链研究领域的时候，由于供应链通常涉及商品与服务的混合体，所以对服务供应链、制造供应链进行细分研究的复杂程度显然高于对单纯服务、商品的研究。即便是在服务主导逻辑盛行的现阶段，由于商品和服务诸多特性的不同，也不应一概而论地将供应链都归为服务供应链。因此，现阶段针对服务供应链、制造供应链的研究，亟待解决的是供应链定义及类型划分的问题。

根据学术领域对供应链的研究进程来看，最初学者们并没有明确将供应链区分为制造供应链和服务供应链，而是普遍默认将供应链研究对象定位于以产品制造为主的领域内。在这种传统的供应链中，显然也是存在着服务的，只是研究者们将其忽视或者弱化了，直到服务占据越来越重要的地位，学术研究者们才慢慢开始将商品与服务的研究理念延伸到供应链领域，最终引发对制造供应链和服务供应链的广泛思考与区分研究。

学术研究者在对服务供应链的定义、其与制造供应链界定进行研究时各执一词，没有一个统一的标准来划定一条供应链究竟是制造供应链还是服务供应链。在定义一条供应链是制造供应链还是服务供应链时，要么从供应链所处行业的角度进行界定，例如医疗服务供应链、物流服务供应链、旅游服务供应链等服务供应链，要么从顾客最终接收物的产品、服务属性方面进行界定，如将汽车的生产销售链定义为制造供应链，将影视定义为服务供应链，甚至还出现混合供应链的称谓。事实上不论是制造业还是服务业，每个行业都或多或少地存在制造供应链和服务供应链，但不分重点、笼统地将既存在商品又存在服务的供应链称为混合供应链又是不恰当的。例如，广播影视服务业属于服务行业，是否应该将其涉及的供应链直接定义为服务供应链呢？若是视为服务供应链，该链条前期各种影视产品的制作，却明显具备产品特征。但是如果定义为混合供应链，那现实生活中绝大多数供应链都是上游以商品为主，下游以服务为主，如此定义显然不合适。

整个经济社会系统是由无数条相互交织、相互作用的供应链组成的。人们在研究供应链的时候习惯根据研究的问题确定起主导作用的核心企业，从而向上下游延展形成供应链。面对服务性特征日渐凸显的服务经济时代，我们在研究和定义一条供应链是否是服务供应链的时候，应该抛开从供应链中流通物是商品还是服务的视角，转而从研究的重点及要解决问题的角度去对供应链进行界定。与判定商品与服务、制造供应链与服务供应链的规则有所不同，在此我们不以提供物究竟是商品还是服务为判断的依据，而是创造性地将供应链核心企业的 类别及盈利模式作为关键依据。

从对服务的综述可以看出，人们传统的认知中通常将服务作为一种无形的产出，是一种与有形产品相对应的名词。而服务主导逻辑强调服务是个过程，其根植于有形亦或无形的资源交换过程中，存在于交易所涉及的所有实践活动及过程之中。价值是在参与交易双方必要的互动活动中产生的，交易活动中各参与方皆为资源整合者，在采纳需求方价值主张的基础上对资源加以整合。服务主导逻辑中企业或供应商以资源的形式（如商品或服务）为顾客的价值生产过程提供必要的服务支持，即为价值创造提供必要的价值基础[106]。服务主导逻辑将供应链视为价值共创网络，也是服务生态系统。在此，我们将服务供应链定义为：企业为满足顾客需求，通过运用操作性资源整合其他必要资源而将提供物交付给顾客所形成的价值共创网络结构。

本书认为服务供应链包括两种类型，第一类是供应商向顾客交付的提供物不涉及有形商品的服务供应链，如心理咨询；第二类是供应商向顾客交付的提供物既有物质商品，又有增值服务，且供应商主要靠后者盈利的服务供应链。煤炭服务供应链属于第二类服务供应链，核心企业根据用户提出的需求，理解、分享、整合并运用相关的知识、技能、经验、人脉关系等操作性资源，进而实现以煤炭为载体的服务的交换（FP_1）。

2.5 本章小结

服务科学理论作为新兴的前沿理论，一经提出就得到国内外学者的积极关注，并延伸至服务供应链的研究。通过对现有研究的综述可见：

国外最早提出服务主导逻辑，并开展了服务供应链方向的研究，但其研究涉及的领域较国内更为局限。国内对服务供应链的研究已经涉及很多行业，其中以物流服务供应链的研究最为广泛，而煤炭行业的研究几乎处于空白。

伴随着商品主导逻辑向服务主导逻辑观念的转变，供应链管理领域呈现出制造供应链、服务供应链、混合供应链共存的局面。虽然学者们对各类供应链的定义及界定并不统一，但无不认可对服务供应链进行研究的必要性。其中混合供应链多指传统制造业服务化转型企业主导的供应链。

国外学者对服务供应链与制造供应链的共同点和不同点均有研究，尤其是共同点，因为对共同点的研究有助于帮助人们辨识哪些传统制造供应链管理策略可以直接“拿来”用到服务供应链管理，而国内学者则多侧重于研究两者之间的区别。

通过归纳总结现有煤炭供应链、服务供应链的研究现状，指出现有研究多以煤炭供应商为核心企业进行煤炭供应链定义及研究，比较缺乏对专业煤炭供应链管理企业主导的服务供应链进行探讨。

对相关理论及服务供应链的研究综述是进行第三章研究的基础，有助于后续准确地对煤炭服务供应链进行界定及结构模式的构建。

3 煤炭服务供应链基础研究

本章第一节首先在引入“产业公地”这个概念的基础上，运用系统动力学因果分析法对煤炭服务供应链与煤炭产业公地之间的因果关系进行分析，明确两者之间的反馈机理；第二节对煤炭供应链管理实践企业进行了归纳；第三节对煤炭服务供应链进行了界定，明确了论文研究的对象；第四节运用自组织理论分析了煤炭服务供应链构建及运作机理；第五节分析了煤炭服务供应链的运作模式；第六节剖析了煤炭服务供应链的主要特征。

3.1 煤炭服务供应链与煤炭产业公地因果关系研究

煤炭服务供应链与煤炭产业两者的发展存在内在的联系，在此引入“产业公地”的概念来描述煤炭产业的发展，并运用系统动力学因果图探究相互之间的作用关系。

3.1.1 产业公地的含义

产业公地最初是由哈佛商学院的Gary P. Pisano和Willy C. Shih教授于2009年提出的，并将其定义为根植于企业、大学和其他组织之中的研发与制造的基础设施、专业知识、工艺开发能力、工程制造能力等，这些能力共同为一系列的产业成长和技术创新提供基础[107]。2012年两位教授在《哈佛商业评论》上发表了《Does America Really Need Manufacturing?》，并以其为核心编著了《Producing Prosperity：Why America Needs a Manufacturing Renaissance》，将产业公地定义为由各种专有技术、产业运作能力和专业化技能的网络交织构成，这些能力和要素嵌入在劳动者、竞争者、供应商、消费者、合作型的研发项目以及大学之中，并且通常向多个产业部门提供支持[108]。

两位教授对“产业公地”这一概念的提法是从1968年英国学者Hardin提出的“公地悲剧（The Tragedy of the Commons）[109]”以及对“公共用地”内容的扩充中得到的启示，并引入农业生态系统中“公共用地”的例子对其进行阐述。他们对产业公地的论述紧紧围绕美国制造业，在详细论证美国制造业产业公地兴衰始末的基础上提出重建产业公地的必要性及相关举措。

两位教授认为美国制造业产业公地的侵蚀是由市场环境、政府政策、企业管理者三个方面因素共同引发的制造业不恰当外包及研发投入不足造成的，在此仅强调制造业外迁因素而忽略迁入因素是由美国制造业的特殊国情决定的。实际上，产业生态系统若出现产业或企业的不恰当引进，同样会引发类似“多米诺骨牌效应”的公地侵蚀。根据他们对产业公地的描述，产业公地的内涵随着不同产业对象的不同发展阶段有所变化，不局限于特指制造业，但定义的指向始终是维系某个国家或区域产业生态系统持续、可循环发展的各种能力的集合。

煤炭产业公地健康发展水平同样受到基础设施配套能力、基础共性技术、政策法规配套能力、劳动力水平、煤炭服务供应链鲁棒性等因素的影响，各类因素之间存在着直接或者间接的相互作用，形成反馈回路。

3.1.2“黄金期”煤炭产业公地与煤炭服务供应链因果关系分析

图3.1中有4条回路，分别为：

① 煤炭需求量→+国产煤炭销量→+煤炭产业经济效益→+煤炭清洁生产改造投入→–环境污染程度→–煤炭需求量[①]

② 煤炭需求量→+国产煤炭销量→–库存过剩→–煤炭价格→+煤炭产业经济效益→+煤炭清洁生产改造投入→–环境污染程度→–煤炭需求量

③ 政府整治力度→+煤炭清洁生产改造投入→–环境污染程度→+政府整治力度

④ 煤炭产业经济效益→+煤炭清洁生产改造投入→+煤炭成本→–煤炭产业经济效益

回路①为增强回路，改革开放后我国经济迎来了高速增长，在输入悬摆“经济增速”的刺激下，我国工业发展迅速，对“煤炭需求量”不断攀升。同时2013年以前“煤炭进口量”少，对国内煤炭销量及价格影响较弱，“国产煤炭销量”一路飙升，在增强回路②中高“煤炭价格”的共同作用下，带来了很高的“煤炭产业经济效益”。理论上，根据调节回路③和④，高的“煤炭产业经济效益”加上“政府整治力度”的加大，使得“煤炭清洁生产改造投入”力度增强，进而“环境污染程度”降低，“煤炭成本”随之加大。但这一时期人们对煤炭高收益的热

① “→+”表示前后两个量为正相关关系，“→–”表示前后两个量为负相关关系。

度远高于环境治理，政府对煤炭企业和环境的整治力度不强，“煤炭清洁生产改造投入”的增速远低于“煤炭产业经济效益”的上升，最终导致环境污染迅速加重。以上因素的相互作用构成了煤炭产业公地发展的关键引擎，同时也触发了对煤炭企业来说的良性循环。

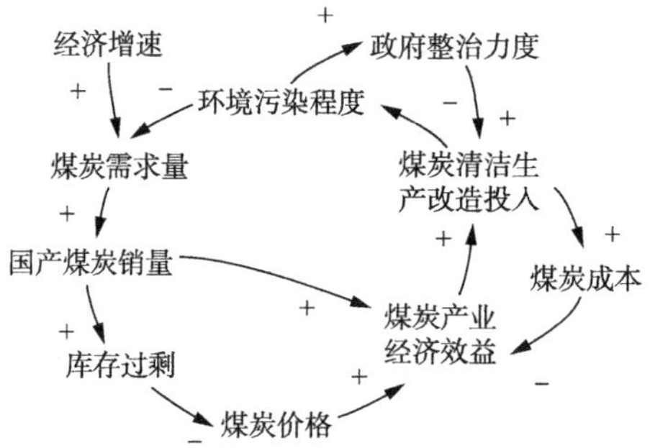

图3.1　部分因果循环图A

图3.2中有14条回路，分别为：

⑤煤炭产业经济效益→+配套企业完善程度→+煤炭服务供应链鲁棒性→-煤炭成本→-煤炭产业经济效益

⑥煤炭产业经济效益→+配套企业完善程度→+煤炭服务供应链鲁棒性→+煤炭产业公地健康水平→+煤炭产业经济效益

⑦煤炭产业经济效益→+交通运输完善程度→-煤炭成本→-煤炭产业经济效益

⑧煤炭产业经济效益→+交通运输完善程度→+煤炭产业公地健康水平→+煤炭产业经济效益

在巨大的“煤炭产业经济效益”的吸引下，煤炭产业固定资产投入迅速增加，产业发展所需的配套企业、交通运输等基础设施的建设风生云起。越来越高的“配套企业完善程度”和“交通运输完善程度”降低了“煤炭成本”，同时煤炭供应链日渐完善，“煤炭服务供应链鲁棒性”不断提高，最终促进了整个“煤炭产业公地健康水平”。在增强回路的作用下，“煤炭产业经济效益”越来越好。

⑨煤炭产业经济效益→+职工培训投入→+煤炭成本→-煤炭产业经济效益

⑩煤炭产业经济效益→+职工培训投入→+劳动力水平→+生产效率→-煤炭成本→-煤炭产业经济效益

⑪煤炭产业经济效益→+职工培训投入→+劳动力水平→+平台运营效率→+煤炭产业公地健康水平→+煤炭产业经济效益

⑫煤炭产业经济效益→+职工培训投入→+劳动力水平→+创新力→+基础共性技术→+煤炭产业公地健康水平→+煤炭产业经济效益

⑬煤炭产业经济效益→+从事煤炭行业的意愿→+高校人才培养力度→+劳动力水平→+平台运营效率→+煤炭产业公地健康水平→+煤炭产业经济效益

⑭煤炭产业经济效益→+从事煤炭行业的意愿→+高校人才培养力度→+劳动力水平→+创新力→+基础共性技术→+煤炭产业公地健康水平→+煤炭产业经济效益

⑮煤炭产业经济效益→+从事煤炭行业的意愿→+高校人才培养力度→+劳动力水平→+生产效率→-煤炭成本→-煤炭产业经济效益

⑯煤炭产业经济效益→+校企合作科研投入→+高校人才培养力度→+劳动力水平→+创新力→+基础共性技术→+煤炭产业公地健康水平→+煤炭产业经济效益

⑰煤炭产业经济效益→+校企合作科研投入→+高校人才培养力度→+劳动力水平→+平台运营效率→+煤炭产业公地健康水平→+煤炭产业经济效益

⑱煤炭产业经济效益→+校企合作科研投入→+高校人才培养力度→+劳动力水平→+生产效率→-煤炭成本→-煤炭产业经济效益

随着煤炭企业经济效益的增大，企业加大对员工培训的投入力度，并加强校企合作项目的科研投入，愿意从事煤炭行业的人越来越多。煤炭行业对专业人才的需求刺激了“高校人才培养力度”，加之“职工培训投入”的增长，行业整体的“劳动力水平”不断攀升。拥有较高职业技能的人才在行业内部的分布及流动一方面提升了行业“创新力”、以煤炭交易中心和煤炭物流园区为主的“平台运营效率”，最终促进了“煤炭产业公地健康水平”的提高；另一方面提高了煤炭“生产效率”，降低了“煤炭成本”，进而加速了“煤炭产业经济效益”的增长。回路中的增强回路有效地弱化了调节回路带来的负面效应，最终使得煤炭“黄金十年”时期煤炭产业经济效益和煤炭产业公地呈现出指数增长式的良性循环。

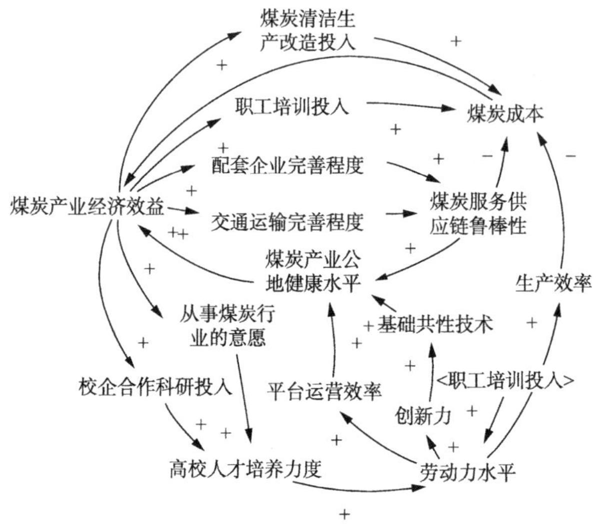

图3.2　部分因果循环图B

3.1.3“亏损期”煤炭产业公地与煤炭服务供应链因果关系分析

图3.3为图3.1和图3.2所组成的整体因果循环图。根据触发方式的不同，增强回路既可以表现为良性循环，也可以表现为恶性循环。在“经济增速”“其他可替代能源产量”“煤炭进口量”“进口煤炭价格”四个输入悬摆，以及恶化的“环境污染程度”、高强度的“政府整治力度”的共同作用下，原本以良性循环态势发展的煤炭系统逐步转变为恶性循环。“煤炭成本”逐步达到了降幅空间的极限，全面亏损的煤炭企业减少了研发、培训投入，行业对人才的吸引力迅速下滑，人才流失严重，大批企业纷纷转行撤资，煤炭产业发展陷入低迷，煤炭产业公地受到侵蚀。

由上述因果分析可知，煤炭服务供应链与煤炭产业发展之间存在正反馈的关系，从国务院颁布的文件可以看出，国家将煤炭服务供应链管理作为煤炭行业供给侧改革的关键落脚点。这是因为我国幅员辽阔，煤炭资源储量丰富，但地理位置上分布较广，主要集中在山西、内蒙古西部地区，且煤质不均匀。煤炭消费地却集中在华东、华南地区，这就导致了鲜明的“北煤南运，西煤东运”基本运输格局。煤炭长距离流通过程中涉及洗选、运输、仓储等众多环节，与此同时产生的流通成本占煤炭价格的比重居高不下，消费的煤炭运输成本占据总成本的比例高达40%[110]。以往过分强调需求侧的煤炭销售已经不能适合当前煤炭行业的发展形势。

因此，积极响应供给侧改革，加强煤炭服务供应链管理，增强供应链鲁棒性，将有助于降低煤炭成本，提高煤炭供应链链条上各节点企业的收益，改善煤炭行业整体运作情况。

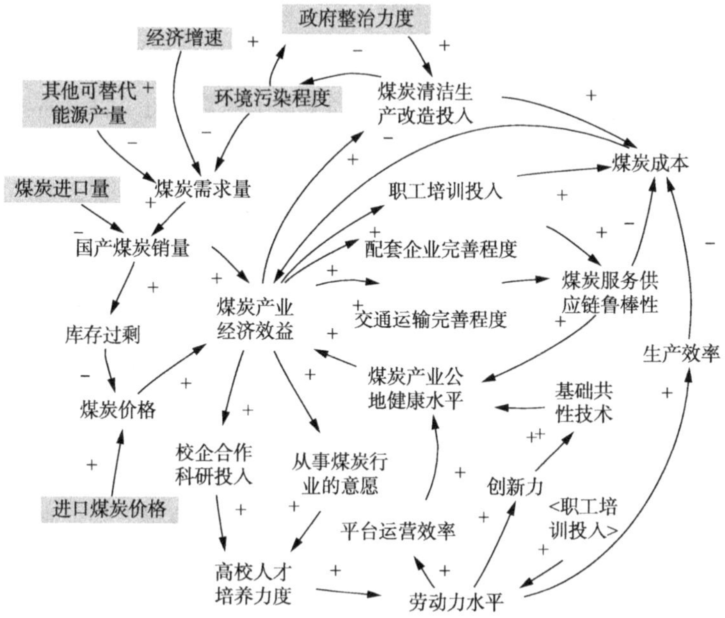

图3.3　整体因果循环图

3.2　煤炭供应链管理企业发展现状

大多数大型煤炭企业经过长期发展，逐步添加供应链下游功能模块，从单一功能的煤炭生产商慢慢演变为集成洗选配、销售、运输等于一体的综合型煤炭供应链管理者，这种将交易内部化的方式能显著降低交易成本，如神华集团。然而，其他零散分布于全国各地的煤炭生产、洗选加工、运销等功能深受资金、人才等因素的限制，没有能力进行煤炭供应链的整合运作，只能由煤炭消费企业的采购部门、煤炭生产商的销售部门或者一些中间煤炭经销商来担任，但其涉及的供应链环节短，经营管理方式简单、粗放，多以物流服务为主，往往只关注运营效率和订单满足率，缺乏供应链整体效益观念，发挥的作用极为有限。

同时，煤炭具备大宗商品和快速工业消费品的双重属性，其煤质指标呈现多样性，且在存储及运输的过程中煤质易发生变化；煤炭供应链涉及的资金流巨大，不可避免存在资金运作风险，中小煤炭企业融资困难；煤炭开采地理位置上分散，产销地之间距离远，运输跨越路途长，铁路运力协调难度大。这些复杂性给煤炭供应链管理带来了极大挑战，同时也蕴含着巨大的机遇。

国际上提供大宗商品供应链管理的公司有瑞士的嘉能可（Glencore）、日本的三井和伊藤忠、韩国的SK能源、美国的博地能源公司（Peabody Energy），但我国却几乎没有如此大规模的大宗商品供应链管理公司。随着供应链管理思想的逐步普及，以及诸如利丰一样的供应链管理先行者的实践探索，全国各行各业都在不断涌现出专业的供应链管理企业，虽然为数众多，但是经营运作较为专业、发展潜力大的企业却是寥寥无几。在我国，可以为用户提供全面煤炭供应链管理服务的专业企业只有不到5%，而在美国，可以为用户提供一体化解决方案的专业企业却高于50%。如表3.1所示是目前国内较为优秀的供应链管理商。

利丰的全球供应链管理模式在世界范围内贸易业都算得上是企业或者个人学习研究的楷模，哈佛大学将其作为教学案例，国内也有利丰研究中心专门研究利丰的经营运作之道[111]。国内涉及煤炭的供应链管理企业也是数不胜数，但因为针对供应链的管理仍处于探索发展阶段，即便有利丰这样的企业作为榜样，受行业性质差异化的影响，众煤炭供应链管理企业仍需在摸索中前进。

表3.1　国内知名供应链管理公司简汇

企业名称	主营业务
利丰供应链管理（中国）有限公司	普通货物的仓储和仓储配套服务
深圳市怡亚通供应链股份有限公司	ICT领域与快速消费品领域的供应链服务，供应链金融
深圳市普路通供应链管理股份有限公司	ICT领域供应链服务，供应链金融
深圳市飞马国际供应链股份有限公司	能源与有色领域的供应链服务
永辉超市股份有限公司	生鲜、食品、百货
瑞茂通供应链管理股份有限公司	煤炭供应链运营管理及服务和供应链金融服务业务 旗下供应链管理平台——易煤网
泰德煤网股份有限公司	煤炭物流与交付服务、结算与资金服务以及配煤、检验委托、供应链金融、电子商务、代理等增值服务 旗下供应链管理平台——东北亚煤炭交易中心

续表

企业名称	主营业务
中国秦发集团有限公司	煤炭经营业务（计划出售）、中国航运业务（计划出售）、国际航运业务 旗下供应链管理平台——横琴煤炭交易中心（计划出售）
秦皇岛睿港煤炭物流有限公司	煤炭供应链增值服务

泰德煤网煤炭供应链管理的业务旨在为最终用煤客户提供精细化配比的煤炭，在国内外采购煤炭，对获取的原煤进行加工、存储，根据用户需求进行分销、配送，不但提高了整个链条的运作效率，创造了更大的价值，而且减少用煤成本，满足了煤炭用户对多品种、综合性、一站式用煤服务的需求[112]。依托遍布全国的服务网络及渠道，泰德煤网集约客户需求，建立起以计划管理为核心的稳定、高效的煤炭供应链网络，实现了对客户用煤的集中采购、集约物流、高效资金流管理、精细质量管理及专业化配煤，并通过完善传统煤炭对接服务，为客户提供高性价比用煤解决方案。同时，泰德煤网不断创新供应链金融服务、探索和完善电商代理等多种业务模式，以满足客户个性化的服务需求。泰德煤网和中国秦发在前些年发展得如火如荼，但近年来却大不如从前，反而是瑞茂通迅速成为煤炭行业供应链管理的佼佼者。

瑞茂通是A 股首家煤炭供应链上市公司，已经形成大宗商品供应链业务板块、大宗商品电子商务平台板块、供应链金融板块三足鼎立的格局。从2000年起开始涉足煤炭供应链管理板块，已成为中国煤炭行业内遥遥领先的供应链管理服务专家，在海内外进行煤炭采购，在国内多个地区进行销售点布局，多对多撮合供需双方交易，通过自身极具竞争力的集成服务能力，集成相关资源以便形成互利互惠的供应链生态圈，为各节点企业提供专业化、个性化服务，例如在向下游用煤企业提供精细化配比的成品煤的同时减少其用煤成本，在向上游煤炭供应商提供长期稳定销路的同时提高其收到货款的效率，还为中间环节的贸易商提供煤炭交易撮合服务。其国内煤源大多来自山西、陕西以及内蒙古等区域，国外煤源大多来自印尼，用煤需求商大多是我国中东及南部发电企业。[113]

由此可见，我国虽然是煤炭消耗大国，但提供专业煤炭服务供应链管理实践规模大并取得优异效果的企业并不多见，本书从学术研究的角度对其运作机理进行探讨有望能帮助指导企业管理实践。

3.3 煤炭服务供应链界定

煤炭供应的基本过程涉及上游供应商为煤炭开采企业提供开采所需的原料、设备、备件等，原煤开采结束后，通过供应链各相应节点企业对煤炭进行洗选、加工、存储、配送等过程将符合指标要求的煤炭交付给下游用户，最后用户根据需要对煤进行燃烧或者下一步的深加工。结合已有学者对煤炭供应链定义的相关研究及国标物流术语，在此将煤炭供应链定义为：在煤炭的开采、流通到消费的过程中，将煤炭商品和服务交付给最终用户所涉及的煤炭开采、加工、存储、运输、销售、消费等节点企业及其相互作用所产生的商流、信息流、物流、资金流、能力流等共同形成的网链结构。

我国煤炭产业呈现出由数个大型国有煤企和众多中小煤企协调发展的结构，基于此特殊格局，可以根据供应链主导企业的不同将煤炭供应链进行如图3.4所示的分类。

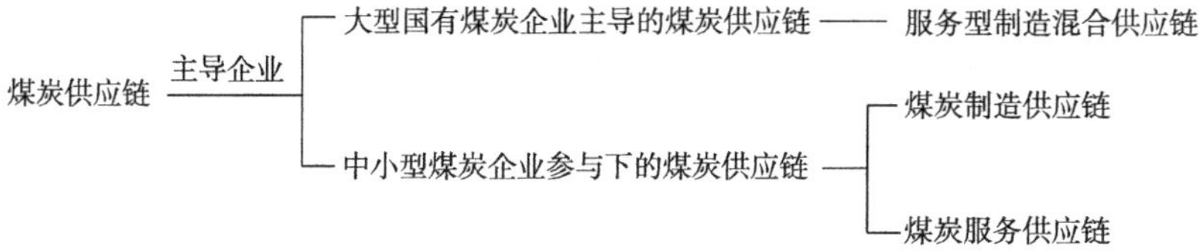

图3.4 煤炭供应链分类

3.3.1 大型国有煤炭企业主导的供应链

我国央企、国企煤炭企业基本上都是集产运销于一体的大型企业，如神华集团、山西五大煤炭集团（同煤集团、山西焦煤集团、阳煤集团、晋煤集团、潞安集团）等，这类企业旗下具备加工、存储、运销、物资管理等“一揽子”辅助功能企业，多命名为物流公司，从煤炭生产企业到煤炭最终用户之间通常不需要经由第三方经销商。此类企业所主导的供应链中既涉及制造供应链，也包含服务供应链，但是以实体商品供应为主、增值服务供应为辅，如图3.5所示。此时，煤炭生产企业是供应链的核心，整个供应链中只发生一次由生产商向需求商的煤炭所有权转移，生产供应商为需求商提供了高附加值的煤炭商品，但其盈利点以煤炭商品贸易赚取销售差价为主，以提供附加服务为辅。按照2.2.5节对混合供应链的分类，此类企业所主导的供应链是服务型制造混合供应链，本质上还是制造供应链。

图3.5 国企煤炭混合供应链结构

3.3.2 中小型煤炭企业参与下的供应链

对于除大型国有煤炭企业之外的中小型煤炭企业来说，从企业功能角度看，企业间分工细致、明确的煤炭供应链结构中可能涉及的企业有煤炭生产商、经销商、洗选加工商、存储商、物流运输商、需求/消费商等，这也是煤炭产品生产、流通过程必经的流程，如图3.6所示。此类供应链是由前端的煤炭制造供应链（煤炭生产为主）和后端的煤炭服务供应链（煤炭流通为主）相结合组成。

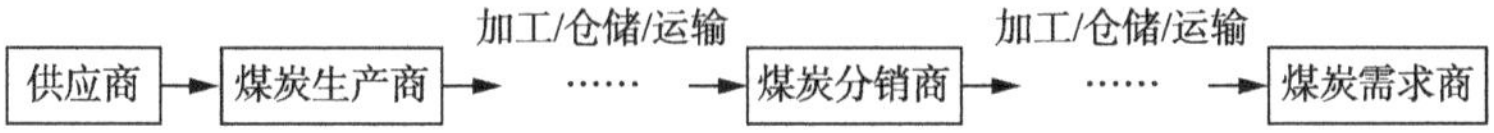

图3.6 简单的煤炭供应链结构

1）煤炭制造供应链

如图3.7所示，煤炭制造供应链以煤炭的生产环节为主，以煤炭生产商为核心企业，上游是生产煤炭所需的原材料、设备、配件等供应商，下游是煤炭需求企业，此时的煤炭需求商既可能是煤炭经销商，也可能是煤炭最终用户。

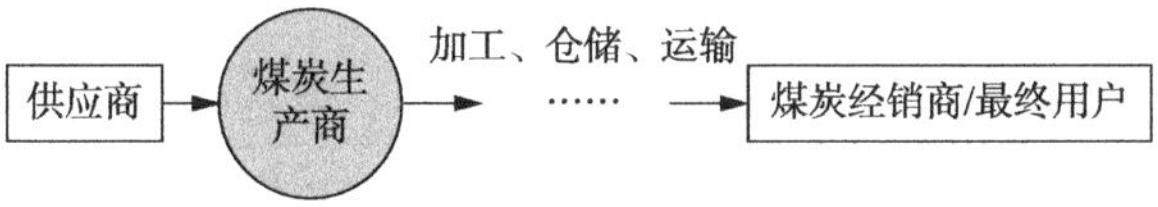

图3.7 煤炭制造供应链结构

当然，煤炭在离开煤炭生产商之后，会经过煤炭加工、仓储、运输等中间服务商进行增值服务，最终将合格的煤炭交付给煤炭需求商。此过程中煤炭产品通常会发生不止一次地所有权转移，各级节点企业通过进行多次煤炭所有权转移产生差价盈利。虽然此类供应链中涉及煤炭加工、仓储、运输等服务供应商，但供应链价值增值的来源依然是以煤炭的买卖为主，增值服务为辅。这也是现有学术研究的重点类型。

2）煤炭服务供应链

通常传统的、功能单一的微专业服务供应商不具备对整体供应链进行管理的能力，为了为煤炭需求商（通常是煤炭最终用户）提供一体化、全方位的产品及服务，需要专业化、资金及人脉雄厚的供应链管理者进行操作。近年来不断涌现出专业的煤炭供应链管理服务商，他们能有效整合金融、监管、质检、港口仓储等传统微专业服务企业和其他现有资源，为用户提供国内外采购服务、煤炭加工服务（掺配、洗选、洁净）、物流配送服务（仓储、分拨、运输、装卸、转港、多式联运等）、资源分销服务（电力、冶金、化工、建材等）、交易撮合服务、信息咨询服务、供应链金融服务，完成供应链上下游节点企业之间的合作，实现全面的煤炭撮合交易服务、存储服务、交易支付服务、交割结算服务以及金融服务等，为供应链下游客户提供一体化综合服务，高效配置煤炭资源，降低用煤成本，同时为上游煤炭生产商稳定分销煤炭，及时回笼资金，为中间贸易商补足短板，撮合交易，如图3.8所示。当然，供应链管理商可以适当选择将加工、物流服务等功能模块外包给专业物流服务集成商。由此可见，煤炭服务供应链是以煤炭商品在流通领域所涉及的资源为主，正是本书研究的重点。

因此，我们将煤炭服务供应链定义为：在煤炭流通过程中，由核心服务企业组织各类微专业服务商[①]及煤炭供应商向顾客提供依附于煤炭商品的专业化增值服务所形成的网链结构。煤炭服务供应链管理就是对煤炭服务供应链运作过程中涉及的物流、信息流、资金流、商流及能力流进行协调和管理。

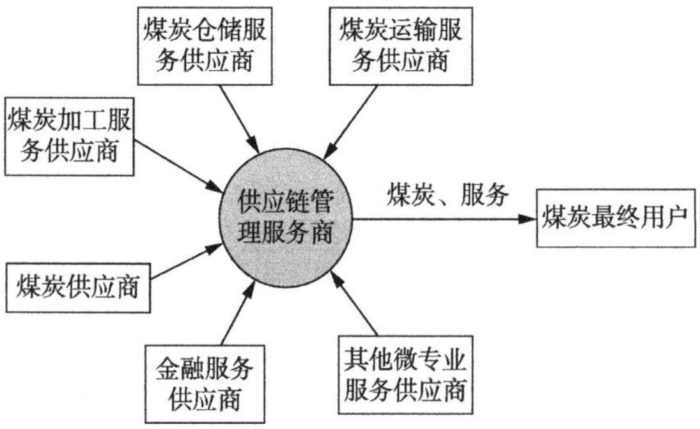

图3.8 典型的煤炭服务供应链结构

① 微专业服务商（micro-specialized supplier）源自Vargo和Lusch 2006年提出的服务主导逻辑中的第九大假设，“组织存在的目的在于将微专业化能力整合、转化成市场所需的复杂服务”[34]。

3.4 煤炭服务供应链运作机理分析

3.4.1 煤炭服务供应链复杂特性

现实世界中只有少量的简单系统，并且多是为了便于研究而进行的人为简化，更多的是复杂系统。复杂系统可以分为三种：简单巨系统、复杂巨系统和特殊复杂巨系统，煤炭服务供应链便是一种简单巨系统，具体体现在三个方面。

第一，包含的子系统数目多。煤炭服务供应链作为一个系统，其中除了包含占主导地位的供应链管理服务商，还有由其选择并关联起来的众多煤炭用户、众多的煤炭供应商以及众多的微专业服务供应商。供应链管理服务商在接到订单后会从这个“资源储备库”中优选出最恰当的组合方式，由此便形成针对特定服务对象的供应链管理服务系统。

第二，子系统之间的相互作用比较复杂。由于煤炭服务供应链包含的子系统数量多，造成各个子系统之间相互作用的形式和数目多，但是相互作用的性质并不复杂。比如，煤炭供应商和微专业服务供应商之间主要是靠实物煤炭进行关联的，两者之间关系的管理者除了包括双方，还有占主要位置的供应链管理服务商，三者之间是互利合作的关系。

第三，系统内部具有层次关系。从“宏观层面”上看，煤炭服务供应链作为一个整体大系统，是由众多小的子系统组成的，各个子系统之间的相互作用不一样，有的子系统之间是直接的作用，有的子系统之间是间接的作用。比如，具有煤炭洗选功能的微专业服务供应商与煤炭用户之间没有直接的关系，两者是通过供应链管理服务商而产生间接关联的。

3.4.2 煤炭服务供应链耗散结构分析

在分析煤炭服务供应链系统的自组织演化过程之前，需要明确煤炭服务供应链是否具备了出现耗散结构的基础。

1）煤炭服务供应链是远离平衡状态的开放系统

远离平衡和充分开放的统一是系统自组织演化的必要前提和外部条件。孤立的系统将会自发地趋于无序状态，同时正熵值趋于极大，系统最终也将趋于混乱和终结。煤炭服务供应链并非是与外界相对孤立的系统，而是需要与周围环境进行物质和能量的交换，不断地从外界获取负熵流（如不断引进先进的管理经验、信息化技术，更新煤炭供需双方资源储备等）来抵消系统自身产生的熵，以便使得系统的熵达到零乃至负数。同时，煤炭服务供应链的形成与运作总是会受到外部国家政治、经济发展速度、其他可替代能源产量等因素的影响，也存在着企业的进入与退出。在内外部环境的共同作用下，该系统出现突变的概率较大，处于远离平衡态区域，正因如此才能达到新的有序。

2）煤炭服务供应链系统内部各个要素（子系统）之间存在着非线性的相互作用

煤炭服务供应链系统中各个节点企业都具备其独特的优势，煤炭供应商提供符合燃值要求的煤炭，微专业服务供应商为供应链提供特定功能的服务，供应链管理服务商运用其资源整合与管理能力对整条供应链做出协调，各个要素（子系统）之间绝非简单的加总，而是通过非线性的相互作用产生“1+1>2”的协作作用和相干效应。非线性相互作用是系统自组织演化必要的内在动力，只有在非线性相互作用的作用下，才能使得系统由无序变为有序，否则即便系统引入负熵流，也不能推动其向有序方向转化。煤炭服务供应链系统的发展存在众多可能性，为了对其进行管理从而实现预设目标，可以通过构建非线性数学模型进行求解。

3）煤炭服务供应链系统内存在涨落现象

涨落是指系统中的某个变量和行为相对于平均值来说发生偏离，从而使系统离开原有的状态或者轨道，是系统自组织的原初诱因[13]。当煤炭服务供应链系统处于远离平衡态的稳定状态（系统中负反馈起主导作用）时，涨落对其来说是一种干扰，会引起系统的无序，而系统中存在的负反馈（煤炭服务供应链系统中存在众多的正反馈和负反馈）使其具备抗干扰的能力，负反馈会逐渐削弱涨落带来的影响，促使系统恢复到原来的状态。如果系统处于远离平衡态的不稳定临界状态（系统中正反馈起主导作用），则涨落引起的系统变动非但不会衰减，反而会在正反馈的作用下放大成“巨涨落”，系统便会从不稳定状态突变成为新的有序状态，即耗散结构理论强度的“涨落导致有序”。

因此，煤炭服务供应链是一种耗散结构系统，能够实现自组织。

3.4.3　煤炭服务供应链的构建——他组织

他组织是与自组织相对立的一个概念，最初是由苗东升教授提出来的[114]，其实哈肯早就提到过类似的概念，只是用“组织”而非他组织来描述这个与自组织相对应的概念。按照系统科学界的一般理解，如果一个系统的空间的或时间的或功能的结构是在没有特定外部作用下自发形成的，就称该系统是自组织，称它的形成过程为自组织过程。如果一个系统的空间的或时间的或功能的结构是在特定外部作用下形成的，就称该系统是他组织，称它的形成过程为他组织过程。简言之，没有外部组织者而形成的是自组织系统，由外部力量整合起来的是他组织系统[115]”。任何事物、任何系统都同时承受着来自内部和外部的两种相互作用。判断一个系统是自组织还是他组织，最主要的是看系统秩序形成的决定性作用是来自内部还是外部，若是源自内部作用则为自组织系统，若是源自外部作用则为他组织事物[116]。

煤炭服务供应链形成之前，煤炭用户、煤炭供应商、微专业服务供应商是相对独立存在的自组织系统，各自拥有各自的核心优势、组织结构、管理模式等，正如1.1章节背景所述，各类企业呈现出片段化的局面，彼此之间信息不通畅，竞争多于合作，煤炭市场整体表现出低级有序甚至是无序的运行状态。

供应链管理服务商作为煤炭服务供应链系统的发起者，针对煤炭市场低效、无序状态，在灵活运用自身资源整合能力的基础上，通过识别、筛选宏观煤炭市场中已有的各种对象性资源（服务主导逻辑中的措辞），构建起有序的煤炭服务供应链系统。显然，煤炭服务供应链系统的构建是他组织的过程。

3.4.4　煤炭服务供应链的运作——自组织

当系统秩序的形成主要取决于内部因素间的相互作用时，称之为自组织事物[116]。宏观层面上讲，煤炭服务供应链系统作为自组织系统，因具备开放性和远离平衡性就注定要受到外界因素的影响，与外界进行物质、能量、信息等非特定的交换。但它同时是不受外界特定干预的，其结构和功能主要依赖于系统内部组成要素（子系统）的非线性相互作用，以及随机启动的内部、外部涨落。

煤炭服务供应链系统在供应链管理服务商的主导作用下实现由他组织向自组织的发展、无序向有序的转变，子系统之间自发地遵循共同的契约协议、利益分配、风险共担等机制，各个子系统之间通过相互配合产生协同作用和合作效应，这种非线性的协同关联所产生的序参量转而会影响整个系统的集体行为，进而影响系统循环、交叉（选择）、关联放大的循环链圈。该系统运作过程中伴随着物质、能量、信息流的流动，在反复经历来自内外部的各种突变、渐变之后使得原系统有序产生变化，甚至是质的飞跃。

第四章将运用系统动力学进一步分析煤炭服务供应链各节点企业子系统以及子系统之间的运作机理。

3.5 煤炭服务供应链运作模式分析

煤炭服务供应链是以服务型企业为核心、以煤炭为服务载体、以提供增值服务为主要盈利点，从而实现各节点企业价值共创的复杂系统。简单的煤炭服务供应链中，煤炭产品从煤炭生产商或经销商，通过中间加工、存储、运输等节点企业的增值服务，交付到煤炭用户，如此形成简单的链状结构。但实际市场运作中，供应链的节点企业通常有多家上游供应商和下游客户，如此一来便会形成由多条链状供应链组成的复杂网状供应链结构。根据研究的需求不同、边界各异，供应链网状模型可大可小，大到可以涵盖整个煤炭供需市场，小到仅包含单个核心企业、单个煤炭用户。

煤炭服务供应链运作模式是由各节点企业及其之间的相互作用共同决定的。如图3.9所示，显然，该运作模式包含有四大节点企业，分别为煤炭用户、供应链管理服务商、煤炭供应商、微专业服务供应商。各节点企业在供应链中的地位各异、功能互补，在供应链管理服务商的协同管理下实现共赢。

各个节点企业的功能如下所述：

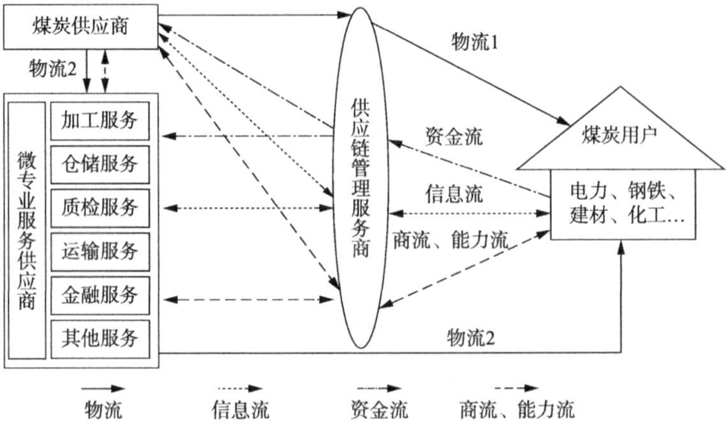

图3.9 煤炭服务供应链运作模式

1）煤炭用户

从煤炭用户（Coal User）类别上看，因为煤炭是大宗能源消费商品，与其他小宗商品的消费结构有所不同，90%以上的煤炭集中消费在电力、钢铁、建材、化工等工业领域，生活用煤量是非常小的。从用户类地理位置上看，我国煤耗多集中在中东部地区的大中型城市。煤炭用户的需求是整条供应链运转的原动力，其煤炭需求量、煤质要求、订单下达的时间及到货时间要求等都对上游各节点企业的选择及运作模式起着决定性的作用。按照订购合同的长短，煤炭用户从供应链管理服务商采购的煤可以分为合同煤和市场煤，通常市场煤价格要高于合同煤价格。这很大程度上因为签订长协订单的交易双方由于良好的信誉、稳定的合作关系，信息流通的准确性和效率高，无形中降低了交易的频率，也就减少了单次交易为寻求交易对象、评价交易对象、签约至监督执行一系列过程中的成本，大大降低了双方的整体交易成本。而购买市场煤恰恰相反，煤炭用户需要耗费更多的精力，更大的间接成本，以及面对煤炭市场价格波动带来的风险。因此煤炭用户的用煤策略及用煤需求量对煤炭服务供应链运作模式起到先决性影响。

2）供应链管理服务商

供应链管理服务商（Supplier for SCM，S-SCM）是煤炭服务供应链的管理者、协调者，是煤炭资源的整合者。供应链管理服务商具备轻资产特点，本身不拥有资产专用性很强的煤炭行业固定资产。他们运用其强大的资源整合运作能力，甄别挑选出各具优势的微专业服务供应商，以战略协作的形式向煤炭用户提供个性化用煤方案，他们与煤炭用户既存在长期合作，也存在短期合作。通过合理调度国内外不同区域、不同品类的煤炭，集成具备不同专业化服务功能的企业，既能帮助煤炭用户降低用煤成本，又能帮助煤炭生产企业扩大分销渠道，实现煤炭资金最佳配置和供需双方的平衡。供应链管理服务商是煤炭服务供应链的核心企业，参与其他各节点企业的协调运作。当煤炭用户与煤炭供应商在交易过程中出现单方面资金不足而影响交易合同执行的时候，煤炭供应链管理服务商会积极参与仓单质押、融通仓、保兑仓、保理等多项业务。

3）煤炭供应商

煤炭服务供应链中的煤炭供应商（Coal Supplier）通常都是煤炭生产企业，也有煤炭贸易商，既有国内煤源，也有国外进口煤炭。国内煤源主要分布在西北部地区，而近年国外煤炭价格一路走低，煤炭进口量居高不下，严重挤压了国内煤炭的销售利润。煤炭供应商处于煤炭服务供应链的最上游，为供应链提供主要的流通物——煤炭。实体煤炭商品的流动为供应链下游服务商创造的服务提供了必须的载体。煤炭生产企业会根据市场需求波动情况进行生产计划调整，卖方市场下煤炭生产企业全负荷生产，加大煤炭供应，弥补供不应求缺口；买方市场下，煤炭生产企业销路不畅，煤价走低，煤炭生产动力不足，但为弥补企业固定成本摊销，只要能外销，即便价格低，也会不断生产。销售方面，该模式下煤炭供应商之所以选择将煤炭售卖给供应链管理服务商，而不是直接卖给终端用户，是因为煤炭生产企业不愿在寻找煤炭用户上耗费过多的精力，售卖给中间商也能避免将煤炭销售给最终用户所常出现的赊销情况，避免资金回笼难、慢的问题。

4）微专业服务供应商

微专业服务供应商（Micro-specialized Supplier）是专业化分工的结果，是煤炭供应商的下游，供应链管理服务商的上游，并与供应链管理服务商形成了委托代理的关系，也是供应链增值的重要组成，包括提供煤炭洗选、储配、运输、质检、金融等服务的供应商。有条件的煤炭生产企业为获取价值增值，都会对产出的原煤进行洗选处理，而销售的原煤则需要专业的煤炭洗选厂进行加工。港口、物流园区是煤炭储存的主要地点，是煤炭长途运输的中转站。我国煤炭运输具有跨度大、运距长、运量大的特点，煤炭从上游生产商至下游用户的调运通常需要铁路、水路、公路多式联运。正是有了各类微专业服务供应商，才能实现煤炭从上至下的有效流通。

上述各个节点企业相互合作、相互作用形成了不同的“流”。如图3.9所示，煤炭服务供应链的运作过程中涉及了物流、信息流、资金流、服务能力流以及商流，其中有两个单向流，一个是由上游煤炭供应商至下游煤炭用户的物流，另一个是由下游煤炭用户至上游煤炭供应商及各微专业服务供应商的资金流。而涉及运输位置、损耗状态、库存水平、运输费用、煤炭价格以及其他物流环节的一系列信息流、商流、资金流都是双向流动的。此外，相比于传统煤炭制造供应链，煤炭服务供应链不但存在库存，还存在能力流，这是因为供应链中的微专业服务供应商以及供应链管理服务商在提供服务的过程中，通过调整自身服务能力来应对需求波动。

煤炭服务供应链上的商流即交易、管理工作，是决策者运用所能获取到的信息作出决策，包括最下游煤炭用户作出的需求分析、煤炭供应商制定的生产计划，各个节点企业作出交易决定并签订供货及服务合同等。

物流作为煤炭服务供应链上唯一的实体流，体现在煤炭由上游至下游进行地理位置上的单向移动，是整个链条运作的基础。实体煤炭流始于煤炭供应商，终于煤炭用户，且煤炭作为一次性能源消耗物，通常不涉及逆向回收问题。煤炭移动的过程必然产生相关的信息，同时煤炭转运、存储等物流活动的决策要以信息为依据，两者是难以划清界限的。

信息是煤炭服务供应链上节点企业制定计划、作出决策的基础。信息流程不仅包括借助信息技术搜集获取各个环节产生的信息，而且涉及后续对信息进行整理、筛选，并以此为依据进行决策。信息流不能独立运作，而是与供应链上的煤炭、资金、服务等融合一起，共同组成网链结构。

资金流涉及节点企业日常运作的方方面面，在此特指节点企业之间的资金流动，通常产生于煤炭用户向供应商预支部分货款，和煤炭交割完成后清偿剩余货款的过程，以及供应链管理服务商向微专业服务供应商支付服务费用，和供应链管理服务商向煤炭用户及煤炭生产商提供金融服务的过程。同样，资金流与商流、物流、服务流、信息流之间相互作用是节点企业之间运作活动的体现。

服务流是供应链产生价值增值的主要来源，存在于供应链管理服务商运用自身优势整合各具独特功能的企业向用户提供服务的过程，以及各位微专业服务供应商应供应链管理服务商的要求向用户提供服务的过程。

3.6 煤炭服务供应链主要特征分析

煤炭服务供应链与常见的制造供应链以及通常意义上的服务供应链既有相通之处，也有不同之处。为便于识别煤炭服务供应链，提出其具备的五大特征。

1）以服务企业为供应链核心企业

与煤炭制造供应链以煤炭生产企业为核心企业不同，煤炭服务供应链上的核心企业是为用户提供综合型服务的供应链管理服务商。供应链管理服务商作为一种典型的服务企业，把控着整条煤炭服务供应链的运作，在接到客户订单后，依据客户对煤炭产品的个性化需求，进行煤炭采购服务，将采购到的煤炭交由专业化的加工、仓储服务商，最后通过运输服务商将煤炭交付至最终用户。

2）以用户需求为导向

以往推动式供应链系统需要煤炭用户持有一定的安全库存，且通常需要对采购来的煤炭进行简单混配后使用，同时煤炭的大宗商品属性使得库存占据了大量的资金。煤炭服务供应链模式下，某种程度上来说实施的是供应商管理库存，煤炭用户不但有可靠稳定的煤源，而且得到的是经过精细化配比的标准煤。煤炭用户发出的订单需求是激发整条供应链提供专业化服务的开始，是煤炭服务供应链运作的动力源泉，除煤炭用户之外的其他节点企业所做的各种努力，最终都要从煤炭用户的反应进行评判。比如煤炭供应商所提供的煤炭煤质、数量是否符合用户燃煤锅炉的指标要求，物流配送企业提供的运输服务是否能满足用户对煤炭交割时间上的要求，供应链管理服务商所提供的集采购、洗选、运输等一体化解决方案是否能满足用户对价格、数量、质量、时效性的要求，所有的这些都是以满足煤炭用户需求为宗旨的。

3）服务是供应链价值增值的唯一来源

虽然煤炭服务供应链上涉及了实体煤炭产品，但煤炭仅仅是负载服务的载体，供应链管理服务商盈利点在于根植于煤炭产品的服务。就目前我国现存的煤炭交易市场现状而言，煤炭服务供应链或多或少都存在贸易性质的利润，尤其是在煤炭服务供应链摸索前进的初级阶段。但理论上来说，煤炭服务供应链是以为煤炭用户提供专业化、一体化综合服务为宗旨的，服务理应是供应链价值增值的唯一源泉。即便是在供应链最初的煤炭采购阶段，出现的小幅差价也只是煤炭供应链管理服务商为煤炭用户提供代理采购服务而收取的佣金，这与传统煤炭经销商获取贸易差价利润有本质上的区别。这种以增值服务的多少为衡量标准进行煤炭价格调整的形式，有助于煤炭价格波动合理化，增强煤炭价格的可预测性。

4）以供应链总交易成本最低、服务水平最高为目标

根据Williamson的观点，反映交易成本特征的主要因素有以下三个方面：资产专用性、交易的不确定性以及交易频率，其中资产专用性是三者中最关键的一点。资产专用性指的是企业为促使一项具体交易而发生的持久性投资，如果已签订的交易合同因种种原因必须提前终止，那么该资产很难挪为他用。对于供应链上的企业成员来说，用于煤炭开采、洗选、储配、运输、掺烧的投资具有较强的资产专用性，一旦投资后将其挪为他用的成本较高，可能性较小。比如某煤矿为煤炭外运而修建的公路、铁路，只能应用于该煤矿的煤炭运输，资产专用性很强。此时供应链上交易成本更多地受交易不确定性及交易频率的影响。

煤炭服务供应链链条节点企业之间达成的战略协作关系，可以有效降低交易信息的不对称性，减少交易过程中机会主义，降低监督交易合约执行的费用。煤炭服务供应链的管理过程也是一种资源优化配置的过程，通过灵活运用管理学中计划、组织、协调、控制等手段，对供应链各类节点企业及商流、信息流、物流、资金流、能力流进行全面部署、调控，优化煤炭产品流通的各个子环节，选择最优供货途径，实现相关利益方的无缝衔接，最大化供应链的整体利润，最终以最低的总成本为最终客户提供高品质的产品和服务。

5）服务过程涉及煤炭所有权转移

煤炭供应链管理服务商向煤炭用户提供个性化用煤服务过程的初期煤炭采购阶段通常存在两种模式：一种是煤炭供应链管理服务商先行向煤炭生产、销售企业采购半成品煤，在寻求到煤炭需求用户后再根据用户燃煤炉具体指标要求提供配比、运输等服务，煤炭流动形式如图3.6中物流1所示。此时，煤炭供应链管理服务商和煤炭供应商、煤炭用户各进行一次煤炭交易，涉及两次煤炭所有权转移。另一种是煤炭用户发出用煤需求，煤炭供应链管理服务商依据用户燃煤炉具体指标要求寻求可靠、适当煤源集，由煤炭用户亲自敲定最终目标煤炭供应商，并与之签订购煤协议，最后由供应链管理服务商通过提供配比、运输等服务将标准化煤炭交付给用户，煤炭流动形式如图3.6中物流2所示。此时，煤炭用户与煤

炭供应商之间进行了一次煤炭交易，涉及一次煤炭所有权转移。

除了初期煤炭采购阶段，之后煤炭服务供应链运作过程中不再涉及所有权转移，并遵循服务的生产与消费同时性，例如物流服务供应商在为供应链管理服务商提供物流服务时，运输等服务在服务生产的同时便被消费掉了，服务结果的表现形式就是煤炭在地理位置上的移动。

3.7 本章小结

本章研究得出：

通过对煤炭服务供应链与煤炭产业公地之间的因果反馈关系进行深入分析，明确了我国煤炭产业公地发展的趋势，以及两者之间正相关的关系，提出煤炭服务供应链研究对于煤炭产业公地的重要意义。

很多发达国家都有很具代表性的大宗商品供应链管理企业，而我国情况则不同。通过从企业实践的角度对现有运营较好的供应链管理企业进行统计，得出国内从事煤炭供应链管理的企业虽数量众多，但规模大、运作效益好的企业十分匮乏，其中以瑞茂通的经营理念最为成功，也是本书研究煤炭服务供应链的原型。

本书依据是否有大型国有煤企参与对煤炭供应链进行分类，并将煤炭服务供应链定义为：在煤炭流通过程中，由核心服务企业组织各类微专业服务商及煤炭供应商向顾客提供依附于煤炭商品的专业化增值服务所形成的网链结构。

运用自组织理论分析了煤炭服务供应链系统的复杂特性及其耗散结构属性，并剖析了其自组织与他组织的对立统一特性。

构建了其结构模式，分别明确了供应链四类节点企业的地位和作用，为后续构建系统动力学模型提供了基础。提出了煤炭服务供应链的五大特征，即以服务企业为供应链核心企业、以用户需求为导向、服务是供应链价值增值的唯一来源、以供应链总交易成本最低、服务水平最高为目标、服务过程涉及煤炭所有权转移，为识别煤炭服务供应链提供了依据。

4 煤炭服务供应链系统动力学建模

本章依据第三章所构建的煤炭服务供应链结构模式，运用系统动力学软件 Vensim 构建仿真模型，为第五章的仿真分析提供基础。其中第一节简述了系统动力学建模的一般步骤以及运用系统动力学方法研究煤炭服务供应链的可行性；第二节明确了建模的目的和边界，并提出了建模前的假设，同时对煤炭服务供应链结构模式进行简化及说明；第三节从煤炭用户、供应链管理服务商、煤炭供应商、微专业服务供应商四个方面出发进行因果关系分析，并绘制因果关系图；第四节构建四大节点企业子系统的流图，然后整合为大的系统，并编写其中的方程式。

4.1 系统动力学建模步骤及可行性分析

4.1.1 系统动力学建模的步骤

系统动力学（System Dynamics，简称SD）最初是由麻省理工学院的J.W.Forrester教授提出的，综合了系统方法论、信息论、决策过程理论、反馈控制理论、计算机仿真技术等多种理论，适用于解决长期性、周期性问题，对数据及处理精度要求不高，特别强调有条件的预测，被广泛用于解决高阶次、非线性、多反馈回路的动态复杂系统问题，享有现实社会经济系统的“政策实验室”的称誉[117,118]。系统动力学建模过程如图4.1所示。

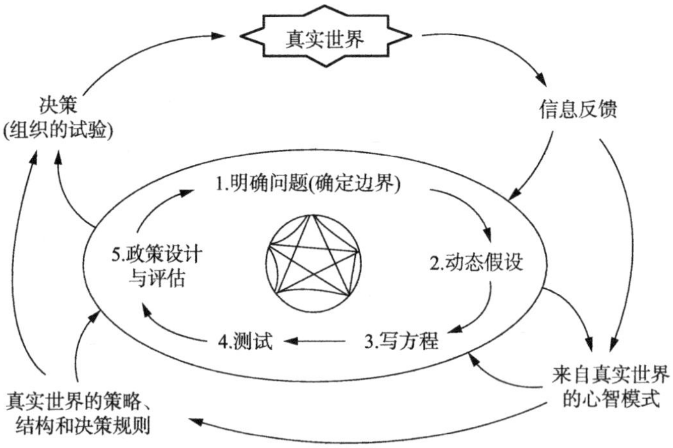

图4.1 系统动力学建模过程

注：图片来源于斯特曼，2008。

建模过程实际上是人们通过观察现实世界，获取重要的反馈信息，由此对大脑中形成的心智模式进行具体刻画，借助计算机软件进行仿真运行，用模拟得到的政策方案重新作用于现实世界的相互作用的反馈过程。对系统动力学建模的基本过程作如下阐述[119]：

1）明确问题，确定边界

“永远针对问题进行建模，而非针对系统”。运用系统动力学进行建模，首先要明确的是要解决的问题是什么，根据建模所需解决的问题选择出关键变量，以及这些关键变量在过去的历史中是什么样的行为模式，将来的行为趋势怎样，以及要追溯到过去多久的历史。必要时，定义或设计出有助于理解和解决问题的变量及概念。

2）提出动态假说

在明确界定了问题之后，建模者需要运用变量和因素的相互作用、内在反馈、系统存量流量图对问题形成的根源及动态特征进行合理解释和阐述。外生变量的确定上需要特别的谨慎，只有那些与系统内生变量之间不存在重要反馈关系的量才适合被视作外生变量，且外生变量的数量应该尽可能少。

3）写方程

系统动力学运用微积分的原理借助计算机进行仿真模拟，速率变量的积分决定相应的状态变量，而状态变量的微分得到相应的速率变量。为丰富模型的动态模拟效果，除了状态方程、速率方程、辅助方程外，系统动力学还备有多种延迟函数、平滑函数以及各种测试函数，建模者在进行模型仿真时可根据需要进行选择使用。为了增强所构建模型的可读性，应该尽量避免使用中英文首字母缩写的形式进行变量命名。

4）测试

系统动力学模型很难实现完全反映客观现实，也不太可能对其进行完全有效的测试。进行测试前必须对系统变量进行数据输入，Forrester将建模及后续决策准则所涉及的数据归纳为三种：数值数据、书面数据及主观数据，建模者既要对“硬数据”进行搜集，也要通过实际调研、访谈等方式对“软数据”进行充分搜集和使用。系统动力学模型的测试方法有很多种，包括边界适当性测试、结构评价测试、量纲一致性测试、参数估计测试、极端条件测试、积分误差测试、行为重现测试、行为异常测试、家族成员测试、意外行为测试、灵敏度测试、系统改进测试。但较为常用的测试方法是量纲一致性测试、敏感性测试以及极端条件测试。如果测试结果达不到模拟的要求，需要重新返回到以上三步，反复斟酌，寻找出存在的问题，再作出相应的修正或者调整后再次进行模型的测试。

5）政策设计与评估

在模型通过相关测试后，可以根据问题的需要通过改变参数、重新设计存量流量结构、改变或消除延迟时间等方式为决策者的决策提供有力参考，预先观测单一策略或者组合策略的协同变动对系统行为的影响。就如同在实验室对不同性能质量指标下的飞行模拟器进行各种平衡测试、碰撞测试一样，系统动力学是管理决策中进行模拟决策的“政策实验室”。

4.1.2 应用系统动力学进行煤炭服务供应链研究的可行性

煤炭服务供应链中不仅涉及库存积压，还有订单积压，不仅有实体煤炭流，还有无形的服务能力流，加上信息流、资金流、商流的相互作用；煤炭供应商包括国内煤炭供应商和国外煤炭供应商，其中国内煤炭供应商包括自有煤矿、参股或控股煤矿、国内其他煤矿、煤炭贸易商等；微专业服务供应商涉及的单位包括交通部门、海事部门、港务管理局、船运公司、质检公司以及金融服务公司等；涉及的运输方式具有多样化特征，主要有铁路、公路、港口、内河、沿海和远洋等。这就使得该供应链系统具备复杂的动态行为，而系统动力学恰恰善于解决此类动态复杂问题。

煤炭服务供应链涉及诸多节点企业，相关数据很难收集全面，有些变量的量化处理困难，而系统动力学注重目标系统的内部结构分析，系统的结构决定了系统的行为，对数据精度要求不高，适用于本书问题的研究。

我国煤炭作为大宗商品，受地理分布的影响，产销地距离远，订单的履行时间跨度长，存在不可避免的信息延迟和交货延迟。系统动力学所具备的各类延迟函数、平滑函数等可以有效刻画其煤炭产品及服务的特征和表现形式。

4.2 煤炭服务供应链建模基础

系统动力学建模的专用软件Vensim作为可视化的建模平台，现有不同的版本：Vensim DSS、Vensim Professional、Vensim Standard、Vensim PLE Plus、Vensim PLE，其中Vensim DSS和Vensim Professional版本功能更全，PLE主要用于教学[120]。在此，选用Vensim Professional版本进行后续的建模仿真研究。

4.2.1 建模目的及边界

本书研究的对象是煤炭服务供应链，与以往学者们研究的传统煤炭供应链不同，此类供应链处于中间位置的是具有服务集成能力的供应链管理服务商，供应链中既存在实体煤炭商品的流动，也存在无形服务的流动，并且服务的生产及交付依托于煤炭商品。

1）建模目的

运用系统动力学进行建模的目的不同，要研究解决的问题侧重点不同，会直接决定后续建模及仿真分析的方式和局限性。系统动力学建模的目标总结起来有四个：

① 探究机理是最基本的建模目标，要求能够理清系统的反馈机理，合理解释事物变化规律。

② 验证理论是深一层的建模目标，要求能够基于理论假设，建立完整的系统反馈结构，用数学运算与趋势推演来验证假设的合理性。

③ 仿真预测是较高层面建模目标，要求构建系统模型能重演真实世界事物的历史变化，并在此基础上推演预测真实世界事物的未来变化。

④ 政策分析是最终的建模目标，要求系统模型正确反映真实世界系统，通过调整系统结构，使系统模型的行为向预期方向发展，从而为改善真实世界系统提供政策性指导。

本书系统动力学建模的目的包含以上四条，建模的过程就是探究供应链运作机理的过程，并最终以流程图的形式呈现，结合排队论相关理论方程，将其应用到煤炭服务供应链系统动力学建模中，运用建成的模型进行相关策略分析，提供实际操作、优化管理的管理建议。但是在运用该系统进行仿真预测时，侧重的是趋势预测，而非精确的数据量预测，这是因为系统中的四个子系统的节点企业的管理运作都进行了相关的假设，而且此类微观系统具体数据会因不同的企业而有所差异，因此只适合进行趋势分析。

2）模型的边界

所有的系统都是有边界的，在明确了要解决的问题后，首先要做的就是确定目标系统的边界。“一千个人眼中有一千个哈姆雷特”，同一现实系统，因心智模式和研究问题的差异，不同的人运用系统动力学建模得到的模型也各不相同。最首要的是需要根据待解决的不同问题划定模型的边界，选择模型中必须包含的变量群，并剔除影响甚小的不必要变量，以此来避免模型过于复杂。建模过程中可以将待解决的问题进行分解，逐步分析，相应的模型边界也可以随着解决问题的不同阶段而进行适当的扩展。

本书所建立的模型，包括煤炭用户、煤炭供应商、微专业服务商的库存及供应链管理服务商、微专业服务商的库存的订单延迟传递、服务能力调节，以此来探究煤炭服务供应链上物质流、信息流、服务能力流运作机理及管理优化问题。

4.2.2 建模假设及说明

1）建模假设

系统动力学模型是现实系统的抽象表达，但因现实系统多样性、复杂性，所构建的模型不可能适用于所有可能情况的模拟，只能是满足一定假设条件下，针对特定研究问题的近似模拟。现在对要构建的煤炭服务供应链模型作出如下基本假设：

假设一：电厂用煤订单直接传递到供应链管理服务商，而供应链管理服务商依据电厂对煤质各项指标的要求进行煤炭用户的选择，假设某一电厂的订单由经筛选后的一家煤炭生产企业进行供应。

假设二：由于煤炭用户通常是大型工业企业，一旦停产将会造成巨大的损失，故假设煤炭用户都采取连续性盘点（Continuous Review）方式，如果缺货就将现有库存量补充到期望库存量。

假设三：处于同级、同类别的节点企业之间不存在缺货调拨或服务能力补调的情况，如煤炭用户在发生缺货时，只能即刻向供应链管理服务商下单，而物流服务供应商在服务能力不足时不存在向同类服务供应商借力的情况。

假设四：煤炭用户并非敏感型，通常不会要求在下达订单后立即收到货物，而是允许存在一定的交货期。

假设五：煤炭供应商为煤炭供应链管理服务商提供的煤，以及供应链管理服务商向煤炭用户提供的精配煤都符合各自合同的指标要求，下游对上游所提供的煤炭商品或服务的满意率主要从是否按时交货及交货量是否满足订单量来衡量。

假设六：煤炭作为国家战略性化石能源，其开采、运输、使用过程受国家和地方的政策法规影响较大，尤其是近年环保压力大，环保政策对绿色物流技术、混配煤及煤提质等技术要求不断加大，这对整个煤炭市场供应的稳定性及煤炭供应链条的成本都是有影响的。在此假设国家及地方对煤炭行业的政策倾斜力度在未来一段时间内不变，煤炭市场宏观环境短期内不发生变化。

2）建模说明

建模之前，我们对研究的主体进行如下描述：下游某电厂煤炭用户根据耗煤需要向中游供应链管理服务商发出订煤订单，供应链管理服务商对接到的订单（除了该电厂订单外，还有其他的用户订单）进行处理，选择好上游的煤炭供应商和中间服务供应商，设计好运煤路线及时间计划，根据假设一，该电厂用煤由下游单一指定煤矿进行供应。煤矿负责此环节运输，通过煤炭的生产、请车、装车等环节按计划发出所需的煤炭至下一环节，在此将供应链简化为只需要煤炭港口集散中心这一种微专业服务商，供应链管理服务商与港口签订进港、装船下水等事宜，之后达到上水港，并通过陆运保质保量按时抵达电厂用户。

将上述煤炭服务供应链结构进行简要抽象化，如图4.2所示。

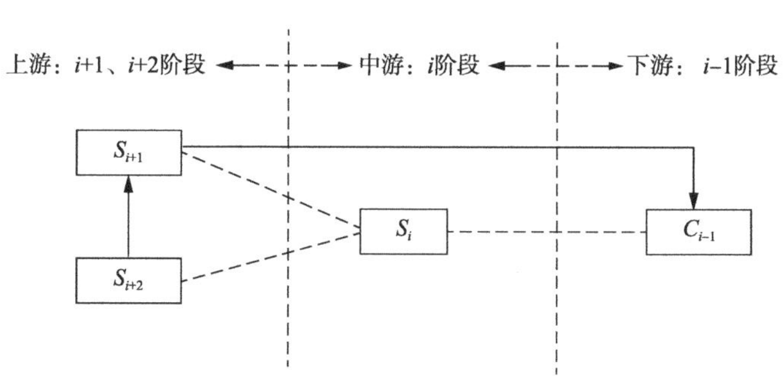

图4.2　典型的煤炭服务供应链结构简图

其中，S_{i+2}表示供应链上游的煤炭供应商，在此为煤矿；S_{i+1}表示供应链中游的微专业服务供应商，在此为港口；C_{i-1}表示供应链下游的煤炭用户，在此为电厂。

通常不论是煤炭供应商还是微专业服务供应商，在接收到来自供应链管理服务商的订单后，不会立即交付煤炭商品或运输、存储、混配等服务，之间存在着订单确认、传递等原因造成的信息延迟及远距离运输等造成的物质延迟，这种延迟不可避免地会造成订单积压。

4.3 煤炭服务供应链系统因果关系图

4.3.1 系统整体框架

John D. Sterman将供应链定义为组织用来将其产出交付给顾客所用的结构和流程的集合，该产出可能是实体产品，也可能是无形服务，并从系统动力学视角提出一个完整的供应链，由为获得流程所需的输入量而构建的存量和流量结构，以及控制各种流量的管理策略组成。煤炭服务供应链既涉及实物煤炭，又涉及无形服务，是一个复杂的动态系统。正如第三章所述，该煤炭服务供应链系统中包含四大节点企业，煤炭用户、供应链管理服务商、煤炭供应商、微专业服务供应商，相应地，在构建该供应链系统动力学模型时，也将其分成四个子系统。各个子系统之间的关系如图4.3所示。

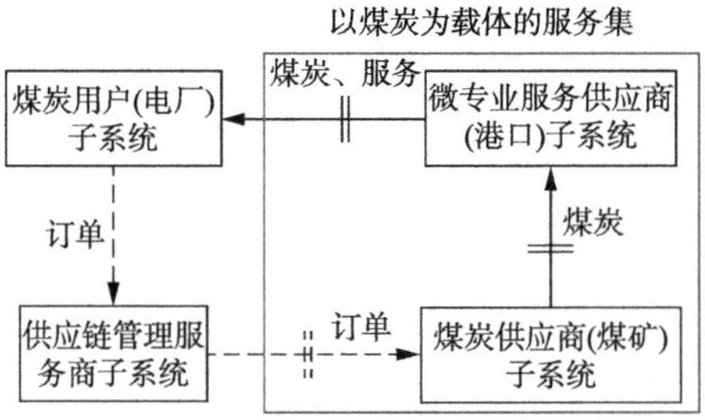

图4.3　各子系统间关系图

图4.3中的虚线箭头表示订单信息流，实线箭头表示实物流，即煤炭的流动

方向，在此还未考虑资金流（5.3节中有单独研究）。整个系统的循环开始于煤炭用户向供应链管理服务商发出的订单需求，煤炭用户子系统与供应链管理服务商子系统之间存在的是订单信息流。

供应链管理服务商需要对接收到的订单加以处理，选定恰当的煤炭供应商、微专业服务供应商，制定合理的运输路线，因此必定存在一定的时间延迟，经过延迟的订单信息传递至煤炭供应商。供应链管理服务商子系统与煤炭供应商之间存在延迟的订单信息流。

煤炭供应商根据订单量调整生产计划，并通过请车、装车将煤炭运输至下一环节的微专业服务供应商。煤炭供应商子系统和微专业服务供应商子系统之间存在延迟后的实物流。

微专业服务供应商根据抵达的煤炭量调整服务能力，经历入港、排队等候出港等一系列流程后将煤炭运输至煤炭用户。微专业服务供应商子系统和煤炭用户子系统之间存在延迟后的服务能力流和实物流。

4.3.2　煤炭用户子系统因果关系图

首先，运用系统动力学软件Vensim画出煤炭用户（电厂）子系统的因果关系图，如图4.4所示。图中有三条因果反馈回路，分别为：

① 库存量$_{i-1}$→-偏差$_{i-1}$→+库存调节速率$_{i-1}$→+期望订货量$_{i-1}$→+实际订货量$_{i-1}$→+收货量$_{i-1}$→+库存量$_{i-1}$

② 库存量$_{i-1}$→-偏差$_{i-1}$→+库存调节速率$_{i-1}$→+期望订货量$_{i-1}$→+实际订货量$_{i-1}$→+收货量$_{i-1}$→+耗煤量$_{i-1}$→-库存量$_{i-1}$

③ 库存量$_{i-1}$→+耗煤量$_{i-1}$→-库存量$_{i-1}$

注：为方便辨识，属于i-1阶段煤炭用户子系统的量都有下标i-1。

以上三条反馈回路中有一条增强回路②，两条调节回路①和③，即负反馈回路。其中回路①、②表示当电厂库存量增加，则期望库存量与实际库存量之间的偏差就会减少，甚至会出现为负的情况（库存过量）；而在库存调节时间一定的情况下，偏差越大，库存调节速率（即偏差与库存调节时间之商）越大，两者是正相关的关系；库存调节速率越大，表示电厂需要补充的煤炭量越大，期望库存量也就越高，随之电厂向煤炭供应商发出的订货量也就越大；除非煤炭异常紧俏，否则电厂发出的订货量越大，后续收到的煤炭量也就越多，煤炭库存量也就越高；同时，收货量越高，越能满足耗煤需求，耗煤量也就越高，当然耗煤量并不随着收货量的增长而无限增长，其受到需求量这个输入悬摆的限制。同理，回路③表示电厂库存量与耗煤量之间存在相互影响的负反馈关系。

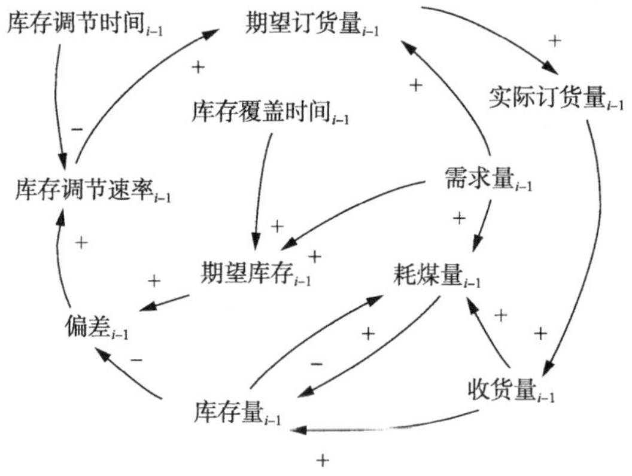

图4.4 煤炭用户子系统因果关系图

4.3.3 供应链管理服务商子系统因果关系图

如图4.5所示，该子系统的因果关系图中有两条因果反馈回路，且都是负反馈回路，分别为：

① 全员平均服务速率$_i$→+订单处理速率$_i$→-订单积压$_i$→+待处理订单量$_i$→+全员平均服务速率$_i$

② 服务人数$_i$→+总服务能力$_i$→-服务强度$_i$→+平均排队长$_i$→+平均逗留时间$_i$→+偏差$_i$→+服务人数变化速率$_i$→+服务人数$_i$

注：为方便辨识，属于i阶段供应链管理服务商子系统的量都有下标i。

其中反馈回路①表示供应链管理服务商的全员平均服务速率（与服务能力不同，服务能力是可以处理订单的最大能力，而全员平均服务速率是实际处理订单所体现出的那部分能力与服务人数之商）越高，订单处理速度越快，订单的积压量便越小，从而待处理的订单量也就越少，得以体现的全员平均服务速率就越低。

反馈回路②表示服务人数越多，总的服务能力越高，两者是正相关的关系；总服务能力越高，服务人员所承受的服务强度就越小，同时等待接受处理的订单量即平均排队长就也越少，从而每个订单在该阶段逗留的时间就越短。通常目标延迟时间要比实际延迟时间要短，因此平均逗留时间越短，与目标延迟时间之间的偏差也就越小，两者是正相关关系。当偏差为正时，服务人数变化速率也为正，且偏差越大，变化速率也越大，服务人数也就越多；当偏差为负时，表示服务能力过剩，供应链管理服务商需要采取裁员等措施调整服务能力，此时服务人数变化率也为负，服务人数也就越来越少，三者之间也是正相关关系。

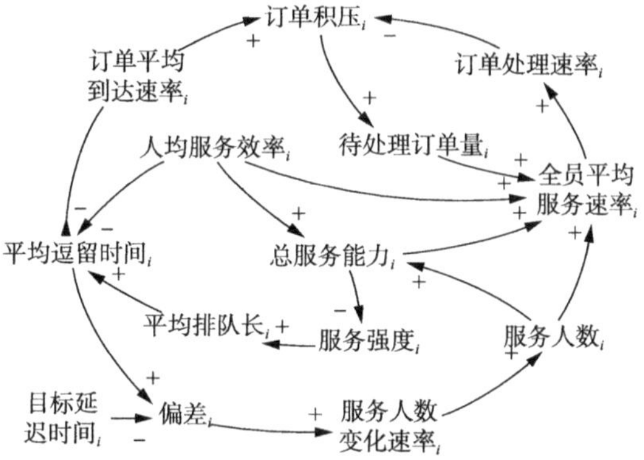

图4.5 供应链管理服务商子系统因果关系图

4.3.4 煤炭供应商子系统因果关系图

如图4.6所示，煤炭供应商（煤矿）子系统的因果关系图中有三条因果反馈回路，分别为：

① 库存量$_{i+2}$→–偏差$_{i+2}$→+实际生产量$_{i+2}$→+库存量$_{i+2}$

② 库存量$_{i+2}$→–偏差$_{i+2}$→+实际生产量$_{i+2}$→+出库量$_{i+2}$→–库存量$_{i+2}$

③ 库存量$_{i+2}$→+出库量$_{i+2}$→–库存量$_{i+2}$

注：为方便辨识，属于i+2阶段煤炭供应商子系统的量都有下标i+2。

反馈回路①为调节回路，当煤矿的库存量越高，期望库存量与库存量之差即偏差越小，两者是负相关的关系。偏差越大，说明煤矿现有煤炭存量越无法满足订货量与安全库存量，煤矿实际的生产量也就越大，当然其大小受到最大产能的限制，体现为增长的极限基模[121]。

反馈回路②与反馈回路①相比多了一环出库量，反馈回路③是反馈回路②的一部分。出库量包含直接销售发往用户的部分和发往港口进行存储待售的部分。煤矿存储煤炭的空间有限，当煤矿的实际生产量增大时，出库量会变大，煤矿库存量减少。

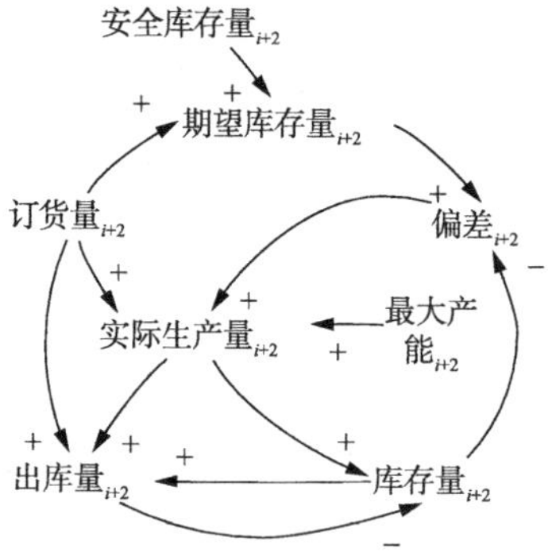

图4.6　煤炭供应商子系统因果关系图

4.3.5　微专业服务供应商子系统因果关系图

图4.7所示是简单的微专业服务供应商（港口）子系统的因果关系图，其中的因果反馈回路为：

① 库存量 $_{i+1}$→+目标服务能力 $_{i+1}$→+偏差 $_{i+1}$→+能力调节率 $_{i+1}$→+服务能力 $_{i+1}$→+出港量 $_{i+1}$→−库存量 $_{i+1}$

② 服务能力 $_{i+1}$→−偏差 $_{i+1}$→+能力调节率 $_{i+1}$→+服务能力 $_{i+1}$

注：为方便辨识，属于 i+1阶段微专业服务供应商子系统的量都有下标 i+1。

反馈回路①是港口库存为主导的调节回路。港口库存量越大，旨在满足煤堆存、洒水、入港出港、煤装卸、质检等服务的目标服务能力就越高，两者是正相关关系。目标服务能力越高，其与现有服务能力之间的偏差就越大，能力调节时间一定时，能力调节率（偏差与能力调节时间之商）就越高，从而使得服务能力越高。服务能力越强，单位时间内可实现的煤炭出港量越大，港口库存量就越少。

反馈回路②是港口服务能力为主导的调节回路。港口服务能力越强，其与目标服务能力之间的偏差就越小；当偏差为正时，表示实际服务能力小于目标服务能力，其值越大需要调节（增加）的服务能力越大，能力调节率也就越大，从而服务能力越强；当偏差为负时，表示实际服务能力大于目标服务能力，其值越小，需要调节（减少）的服务能力越大，能力调节率（也为负）越小，服务能力也就越小，三者是正相关的关系。

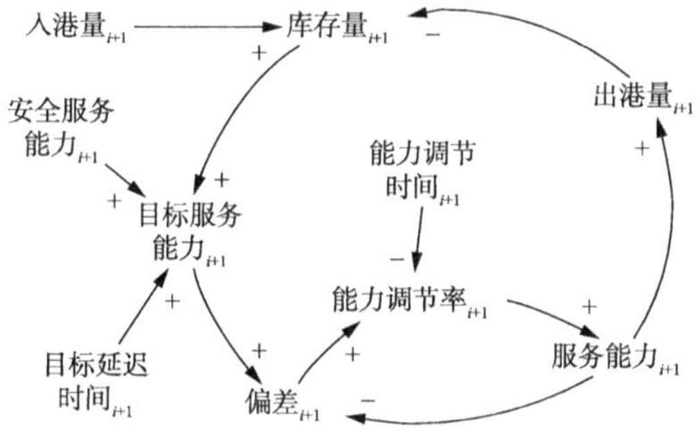

图4.7 微专业服务供应商子系统因果关系图

以上四个子系统的因果关系图中所包含的反馈回路不多，但是其中有很多的输入悬摆，而后续构建整体流图时很多输入悬摆将会被连接起来形成回路。

4.4 煤炭服务供应链系统流图

4.4.1 煤炭用户子系统流图

如图4.8所示的一阶负反馈系统结构展示了处于供应链上游——i–1阶段的煤炭用户库存表现形式以及管理者决策的过程。以电厂用煤为例，电厂通常是在每年年末制定下一年的燃煤计划，每月的月末结合月度发电量计划制定下一个月的用煤量，并且每个月进行一次煤场盘点。电厂每月发电量围绕前期制定好的计划上下波动，其中长协订单量平均至一年的12个月中，将每个月此部分的燃煤量称为固定月需求量，在此基础上结合上月燃煤量来确定下个月燃煤量，此部分是波动的，将其称为浮动月需求量。

火力发电厂每天不间断发电用煤，除了日常燃煤量之外，通常要有7~15天的煤炭库存，用来抵抗煤炭意外中断或延迟所带来的风险，例如装机容量为600MW的电厂需要贮存备用煤5万~10万吨。此外，电厂燃煤遵循“先进先出”的原则，用以防止煤炭长时间存放所导致的煤炭发热量、灰分、水分、挥发分、硫分等指标的变化。该子系统的数据统计时间以“Month”为单位。期望库存为15天，10天为保证安全库存的补货水平。

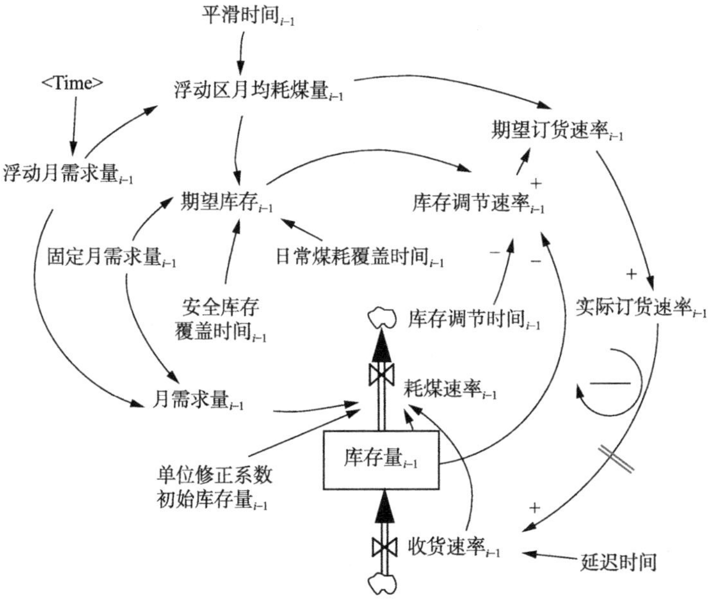

图4.8　煤炭用户子系统流图

1）库存量$_{i-1}$

煤炭产销两极化决定了用户从下单到收到煤炭商品之间通常存在着时间延迟，并且决策制定者无法消除这些延迟，因此该结构中存在一条带有时间延迟的负反馈回路：

库存量$_{i-1}$→-库存调节速率$_{i-1}$→+期望订货速率$_{i-1}$→+实际订货速率$_{i-1}$→+收货速率$_{i-1}$→+库存量$_{i-1}$

此循环决定了该回路的振荡行为。其中，库存量是积累量，它累积了存在延迟的流入订货和流出煤耗的差，其方程用数学积分形式表达如下：

$$库存量(t)=\int_{t_0}^{t}[收货速率(s)-耗煤速率(s)]d_s+库存量(t_0) \quad (4.1)$$

其中库存量（t_0）表示初始时刻的库存量。其对应的微分公式为：

$$d（库存量）/dt = 收货速率(t) - 耗煤速率(t) \tag{4.2}$$

在此使用系统动力学专用软件Vensim进行建模，对应的方程式如下所示：

$$库存量_{i-1}=INTEG（收货速率_{i-1}-耗煤速率_{i-1}，初始库存量_{i-1}） \tag{4.3}$$

$$收货速率_{i-1}=DELAY3（实际订货速率_{i-1},延迟时间_{i-1}） \tag{4.4}$$

$$耗煤速率_{i-1}=MIN（月需求量_{i-1},库存量_{i-1}/单位修正系数_{i-1}+收货速率_{i-1}） \tag{4.5}$$

2）浮动区月均耗煤量

由于我国煤炭消耗量大部分是用来发电，而发电厂几乎不会出现发电中断的情况，也就是说，耗煤需求量通常就等于实际耗煤量，而其他耗煤行业耗煤量影响因素复杂，其需求预测不是研究的重点，故将煤炭需求量设置为外生变量。管理者在根据煤炭需求量进行下一步订货决策时，通常会去除过高或者过低的偶发需求噪声，而采用某时间段的平均值作为依据。因此该子系统运用平滑函数对煤炭需求量进行平滑处理，公式如下：

$$浮动区月均耗煤量_{i-1} = SMOOTH（浮动月需求量_{i-1}，平滑时间_{i-1}） \tag{4.6}$$

式（4.6）中用到了SMOOTH函数，其函数形式为：SMOOTH（{in}，{stime}）。此函数模拟信息延迟效果，对输入值作延迟处理，其内部原理相当于以下等式：

$$SMOOTH=INTEG［（input-SMOOTH）/delay time,input］ \tag{4.7}$$

图4.9所示是函数：入库延迟=SMOOTH（入库，2）的运行结果。

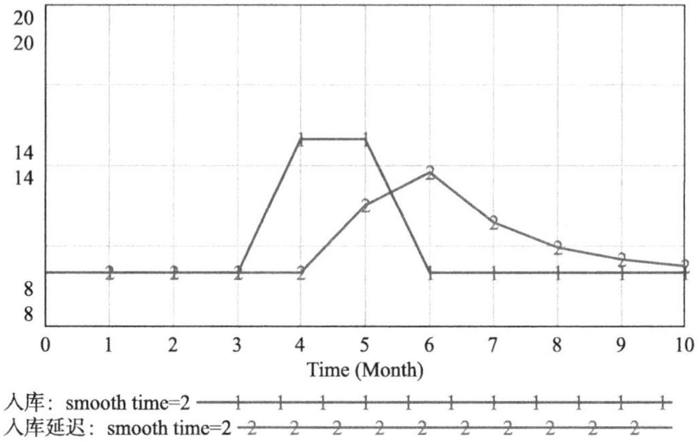

图4.9　SMOOTH函数平滑效果图

3）期望库存

为应对突发状况造成的煤炭供应不及时或中断，确保生产作业的连续性，煤炭用户通常都设有安全库存，除安全库存外，还有能覆盖一定时间的库存量，因此期望库存的方程式为：

期望库存$_{i-1}$=（安全库存覆盖时间$_{i-1}$+日常煤耗覆盖时间$_{i-1}$+1）×（浮动区月均耗煤量$_{i-1}$+固定月需求量$_{i-1}$） （4.8）

4）期望订货率

期望订货率反映了管理者希望煤炭抵达库存的速率，其由两部分构成，一是对当日煤炭消耗量进行补货，制定决策时以日耗煤量平滑后的平均耗煤率为依据；二是降低实际库存与期望库存之间的差距，此差距可正可负，当实际库存大于期望库存时为负，且与平均耗煤率之和仍为负时表示需要去库存，订货率为零；当实际库存小于期望库存时为正，表示需要补货。方程式如下：

期望订货速率$_{i-1}$=IF THEN ELSE [（库存调节速率$_{i-1}$+浮动区月均耗煤量$_{i-1}$）≤0,0,浮动区月均耗煤量$_{i-1}$+库存调节速率$_{i-1}$] （4.9）

库存调节速率$_{i-1}$=（期望库存$_{i-1}$−库存量$_{i-1}$）/库存调节时间$_{i-1}$ （4.10）

实际订货速率$_{i-1}$=IF THEN ELSE [（期望订货速率$_{i-1}$>0）,期望订货速率$_{i-1}$,0] （4.11）

其中，库存调节率$_{i-1}$表示管理者调整期望库存$_{i-1}$与实际库存量$_{i-1}$之间偏差的速率。

对该子系统进行单位检验，结果如图4.10所示，表示该子系统通过了单位一致性检验。

4.4.2 供应链管理服务商子系统流图

供应链管理服务商作为煤炭服务供应链各个环节资源的整合者（FP_9），充分利用其拥有的具有竞争优势的操作性资源对链条上其他对象性资源进行高效整合，是实现煤炭用户与下游煤炭产品及服务供应商无缝衔接的媒介，在为上游用户寻找恰当煤源的同时，为下游煤炭、服务供应商寻求销售及服务的对象。在对其进行系统动力学建模时，重点考虑其对订单的处理及服务能力的调节，结合排队论构建的系统流图如图4.11所示。

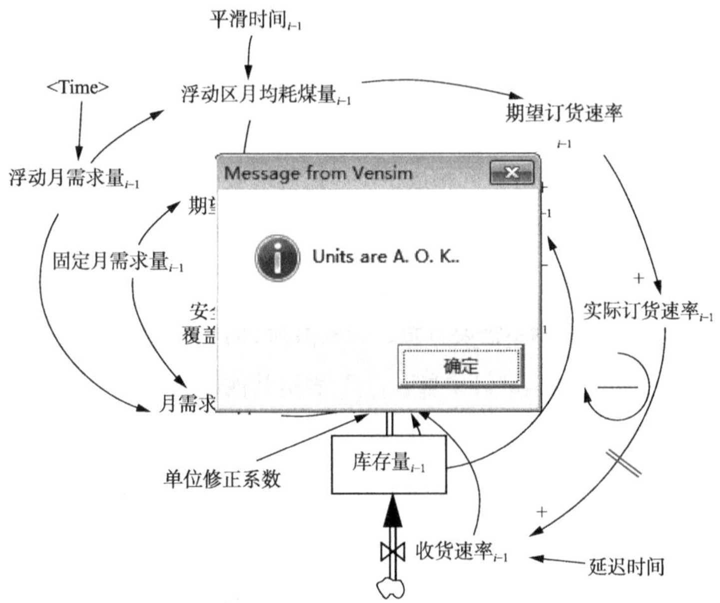

图 4.10 煤炭用户子系统流图单位检验

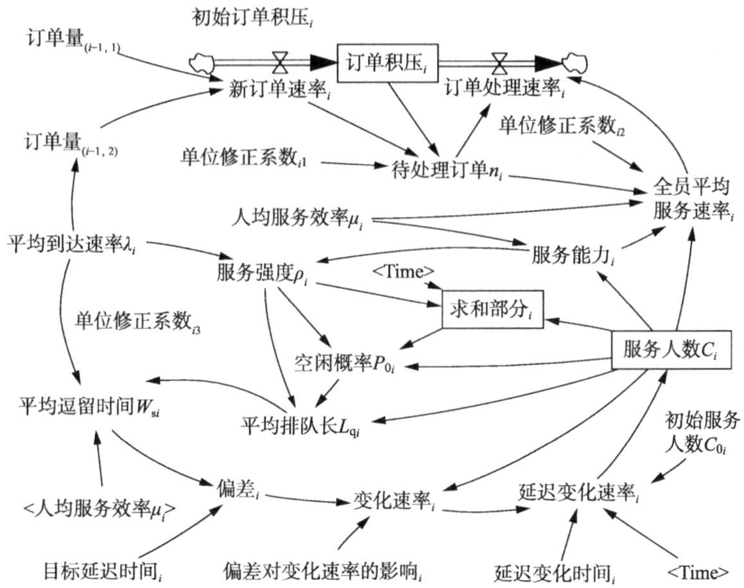

图 4.11 供应链管理服务商子系统流图

1）订单量的处理方式

供应链下游企业都是通过接收订单、调整产能/服务能力、交付订单的过程来满足变化的需求。本书所研究的煤炭服务供应链是以处于中游i阶段的供应链管理服务商为核心企业，此类供应链管理者除了接收并处理前述$i-1$阶段某电厂用煤子系统的订单（图中的订单量$_{(i-1,1)}$）外，还会接到来自其他用煤企业的订单（图中的订单量$_{(i-1,2)}$），两者共同构成了供应链管理服务商的新订单速率，即：

$$新订单率_i=订单量_{(i-1,1)}+订单量_{(i-1,2)} \tag{4.12}$$

其中，变量“订单量$_{(i-1,1)}$”是目标电厂发出的订单，每个月的取值均为0或者1，当取值为0时，表示不需要订货，当取值为1时，表示有订煤需求，会向供应链管理服务商发出订单。“订单量$_{(i-1,2)}$”表示其他煤炭用户向供应链管理服务商发出的订单需求量，服从Poisson分布。

Poisson分布是单位时间内独立事件发生次数的概率分布，是二项分布n很大但p很小且np约为常数λ时的一种极限形式。一个随机变量x，只能取值非负整数（x=0,1,2,...），且相应的概率为：$p(x=k)=\dfrac{\lambda^{k}}{k!}e^{-\lambda}$，那么该变量服从Poisson分布。某个在一段时间内随机发生事件若为Poisson Process，则应满足如下条件：

① 将该时间段无限分隔成若干个小的时间段，在这个接近于零的小时间段里，该事件发生一次的概率与这个极小时间段的长度成正比。

② 在每个极小时间段内，该事件发生两次及以上的概率恒等于零。

③ 该事件在不同的小时间段里，发生与否相互独立。

在此子系统中，如果我们将一个月进行细分为30天、30×24小时、30×24×60分钟或者30×24×60×60秒，分得越细，这段时间内供应链管理服务商能接到的煤炭订单的概率就越小，在极端细分的时间段内，同时接到两个或者两个以上订单的概率为零，且不同用户是否发出订单需求是相互独立、互不影响的，即满足Poisson分布的三个假设条件。因此，我们将事件“供应链管理服务商接到用户订单”这个事件视为服从参数为λ的Poisson分布。

在Vensim建模中，使用泊松随机分布函数RANDOM POISSON进行编辑。表达式为：

$$订单量_{(i-1,2)}=\text{RANDOM POISSON}(\{min\},\{max\},\{M\},\{shift\},\{stretch\},\{seed\}) \tag{4.13}$$

该函数会产生一个介于min值和max值之间、位移值为shift（shift相当于正态函数中的均值）、伸缩系数值为stretch（相当于正态函数中的标准方差（standard deviation））的Poisson分布，它的分布依赖于种子（seed）的确定。Seed如果取值为0，Vensim将自动使用系统默认种子及其分布，以产生随机序列数（Stream ID）；如果取非0，系统将产生其他的随机序列数。Vensim软件中随机函数所产生的都是伪随机序列数，毕竟系统不会自动产生真的随机数，而是依赖于预先设定的条件。

在此子系统中，均值M取值为“平均到达速率λ_i”，shift取值为0，stretch取值为1，seed取值为0，即：

订单量$_{(i-1,2)}$=RANDOM POISSON（20，40，平均到达速率λ_i，0，1，0）　（4.14）

将产生最小值为20、最大值为40、平均值为λ_i、即无位移也不发生伸缩的整数随机序列数。

2）平均逗留时间的求解

供应链管理服务商需要对接收到的每个订单进行相关处理，比如核对订单内容，依据订单对煤品指标的要求筛选匹配的煤源，并与目标煤源企业进行对接等。无特殊情况下，通常依据先进先出（FIFO）的原则逐一对各订单安排订单处理服务人员。依前文所述，煤炭供应链管理服务商接到的订单服从Poisson分布，其处理订单的模式符合排队论中多服务台排队的标准型模式：$M/M/C$（$M/M/C/\infty/\infty$），表示订单流为泊松流，平均到达率为λ，服务台数为C，且系统容量和订单源都是无限的。

假设企业现有C_i个服务人员，而且每个服务人员的服务时间服从参数为μ_i的负指数分布的生灭过程排队模型。其中λ表示单位时间（一个月）内平均接收到的订单数，μ_i表示单位时间（一个月）内能服务完的订单数。如果令$\rho_i=\lambda_i/C_i\mu_i$，其中$C_i\mu_i$(当$n\geq C_i$)或$n\mu_i$（当$n<C_i$）为服务供应商整体的服务效率，这时$\rho_i$表示相同时间内订单到达的平均数与能被处理的平均数之比，它是刻画服务效率和服务单位利用程度的重要标志，称ρ_i为服务强度，当$\rho_i>1$时，系统就会出现排队现象。

根据第二章所述排队论数学模型，要求该子系统中因订单处理造成的延迟时间，即平均逗留时间W_{si}，需要先求出空闲概率P_{0i}。有：

$$P_{0i}=\left[\sum_{n=0}^{C_i-1}\frac{1}{n!}\left(\frac{\lambda_i}{\mu_i}\right)^n+\frac{1}{C_i!(1-\rho_i)}\left(\frac{\lambda_i}{\mu_i}\right)^{C_i}\right]^{-1} \tag{4.15}$$

该公式中涉及到级数函数和阶乘函数，为方便计算，将公式右侧前半部分命名为“求和部分$_i$”，即有：

$$P_{0i}=\left[\text{求和部分}_i+\frac{1}{C_i!(1-\rho_i)}\left(\frac{\lambda_i}{\mu_i}\right)^{C_i}\right]^{-1} \tag{4.16}$$

$$\text{求和部分}_i=\sum_{n=0}^{C_i-1}\frac{1}{n!}\left(\frac{\lambda_i}{\mu_i}\right)^n \tag{4.17}$$

Vensim软件没有适当用于级数求和的公式，为分解计算过程，简化方程式设计，将累加项数作为时间点time，求和部分设置为具有累加功能的状态变量，这样单时点的概率数值，即转化为时序数列，在时间点运行至累加项数时既可得到所需概率值，最初C–1时间段只是分解计算过程，后续模拟运行结果分析只需截取时刻C及以后部分即可。

Vensim中求C_i阶乘的函数是EXP（GAMMA LN（C_i+1）），根据多服务台排队模型，服务台数是无量纲量，为便于统一单位，在此服务人数也定为无量纲，且Time单位为月，故需要用单位修正系数$_{i1}$（取值为1，单位为Month）进行修正。其他主要方程式编写如下：

求和部分$_i$=INTEG（IF THEN ELSE（Time /单位修正系数$_{i1}$≤服务人数C_i–1，（服务人数C_i× 服务强度ρ_i）^（Time/单位修正系数$_{i1}$）/EXP（GAMMA LN（Time /单位修正系数$_{i1}$+1）），0，1）/单位修正系数$_{i1}$ （4.18）

空闲概率P_{0i}=1/（求和部分$_i$+（服务人数C_i× 服务强度ρ_i）^服务人数$_i$/EXP（GAMMA LN（服务人数C_i+1））/（1–服务强度ρ_i）） （4.19）

平均逗留时间W_{si}=（平均排队长L_{qi}+平均到达速率λ_i/人均服务效率μ_i /单位修正系数$_{i3}$）/平均到达速率λ_i （4.20）

平均排队长L_{qi}=（（服务人数C_i× 服务强度ρ_i）^服务人数C_i）× 服务强度ρ_i× 空闲概率P_{0i}/（EXP（GAMMA LN（{服务人数C_i}+1））×（1–服务强度ρ_i）^2） （4.21）

3）服务人数的处理

供应链管理服务商为实现对订货需求的快速响应，尽量缩短订单处理所需的时间，需要根据订单的平均逗留时间对服务人数进行相应的调整。比如，供应链管理商要求订单的平均逗留时间为1~2天，如果逗留时间过长，需要增加现有服务能力，否则会影响后续煤炭的发货、运输、存储等一系列流程，最终导致总的延迟时间过长，延误煤炭的按时交付时间。但是因为对服务人员的招聘、培训上岗需要一段较长的操作时间，故服务能力的调整存在时间延迟。

服务人数C_i=INTEG（延迟变化速率$_i$,始服务人数C_{0i}）（4.22）

延迟变化速率$_i$=DELAY1（IF THEN ELSE（Time/单位修正系数$_{i1}$<初始服务人数C_{0i},0,变化速率$_i$）,延迟变化时间$_i$）（4.23）

其中，式（4.23）用到了延迟函数DELAY1，源于对求和部分$_i$的特殊处理，Time<初始服务人数C_{0i}之前的部分是准备阶段，当Time≥初始服务人数C_{0i}时，才是计算出的最终状态。

供应链管理服务商通过衡量目标延迟时间与实际逗留时间之间的偏差来确定服务人员数量上的变化速率，在此我们用到表函数lookup，这是系统动力学构建非线性函数的常用方法，如表4.1所示。相应的方程式如下：

变化速率$_i$=偏差对变化速率的影响$_i$（偏差$_i$）× 服务人数C_i（4.24）

偏差对变化速率的影响$_i$（[（-2,-2）-（20,5）],（-0.5,-0.05）,（0,0）,（0.5,0.1）,（1,0.1）,（2,0.12）,（2.5,0.15）,（3,0.3）,（5,0.6）,（6,1）,（7,1.5）,（9,2.3））（4.25）

偏差$_i$=（平均逗留时间W_{si}-目标延迟时间$_i$）/目标延迟时间$_i$（4.26）

表4.1 供应链管理服务商子系统方程式

量	方程式	类别	量纲
订单积压$_i$	订单积压$_i$=INTEG（新订单速率$_i$-订单处理速率$_i$,初始订单积压$_i$）	L	jobs
新订单速率$_i$	新订单速率$_i$=INTEGER（订单量$_{(i-1,1)}$+订单量$_{(i-1,2)}$）	R	jobs/Month
订单处理速率$_i$	订单处理速率$_i$=MIN（待处理订单n_i,全员平均服务速率$_i$）	R	jobs/Month
订单量$_{(i-1,2)}$	订单量$_{(i-1,2)}$=RANDOM POISSON（20,40,平均到达速率λ_i,0,1,0）	A	jobs/Month
待处理订单n_i	待处理订单n_i=新订单速率$_i$+订单积压$_i$/单位修正系数$_{i1}$	A	jobs/Month
全员平均服务速率$_i$	全员平均服务速率$_i$=IF THEN ELSE（待处理订单n_i≥服务人数C_i× 单位修正系数$_{i2}$,服务能力$_i$,待处理订单n_i× 人均服务效率μ_i/单位修正系数$_{i2}$）	A	jobs/Month
服务能力$_i$	服务能力$_i$=服务人数C_i× 人均服务效率μ_i	A	jobs/Month
服务强度ρ_i	服务强度ρ_i=平均到达速率λ_i/服务能力$_i$	A	Dmnl

注：L—Level，状态变量方程；R—Rate，速率方程：A—Auxiliary，辅助方程

4.4.3 煤炭供应商子系统流图

在此子系统中，我们研究的主体是煤矿，而非中间贸易商。各个煤矿受先天自然条件的局限，所生产的煤炭煤质恒定，煤炭的热值等直接决定了煤炭的价格。对于煤质好的煤炭，煤矿不需要进行后续的洗煤，只要筛选出煤矸石等杂质即可进行销售。而对于煤质不好的煤矿，一方面受环保约束，另一方面为了提高煤炭价格，增加利润，有必要进行后续的洗选工作。为简化研究，供应链中不考虑这方面的问题，只重点研究订单、生产、库存、发货之间的相互影响关系。此外，我们的研究对象为煤炭个体企业，而非整个宏观煤炭行业，单个煤炭企业对煤炭价格变动的贡献率极为有限，只能被动接受不断波动的市场煤炭价格，因此该子系统中的煤炭价格应设置为外生变量。

煤矿在建设完成后其最大生产能力就基本确定了，后期很难再对其设计生产能力进行改变。因此，在煤炭需求量过高的卖方市场，煤炭生产企业的生产能力起初会升高，但在达到额定生产能力后便不会发生变化，市场会通过煤炭价格的提高来控制供需平衡。煤矿接到从供应链管理商处传递来的订单信息，依据订货需求并结合自己的库存和生产能力发货，将煤炭发送至下一环节，即港口进行存储及中转。实际生产运营中，煤矿虽然接到的是以月为单位的订单量，但事实上是分批次发货的，只需保证规定时间内发出的煤炭量等于订单量即可，系统中将此过程简化为一次性完成的活动。以此构建出该子系统流程图如图4.12所示。

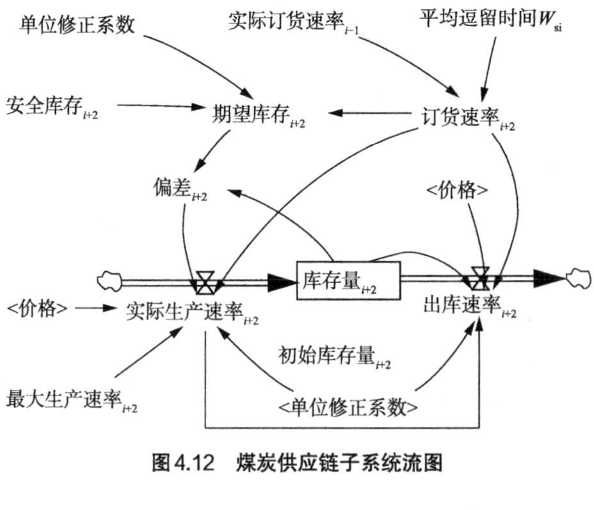

图4.12 煤炭供应链子系统流图

1）库存量

煤矿库存量作为状态变量，其大小受生产量和发货量的影响。通常各个煤矿都有储煤仓，用来缓存原煤或者加工后的商品煤，也就是说煤矿的库存量是受煤仓大小限制的，为减小资金压力煤矿也会控制库存，防止库存量过高。当然，受煤矿储煤场地限制，也就存在将生产出的煤炭存储在港口等地的情况。该系统假设煤矿库存量不受限制，有足够的储煤空间或存储到港口等。煤矿库存量的方程式为：

库存量$_{i+2}$=INTEG（实际生产速率$_{i+2}$−出库速率$_{i+2}$,初始库存量$_{i+2}$）　　（4.27）

2）出库速率

出库速率受订货量、现有库存、煤炭价格及当月生产量的共同作用。煤炭行情好时（假定5500卡的煤炭价格高于500元，即煤炭行情较好），煤炭价格高，煤炭供不应求，煤矿生产的煤炭除了供应i+1阶段的目标用户外，基本上都会进行外销，此时煤矿几乎不存在库存量，因此出库速率就等于当月新生产量与现有库存量之和。煤炭行情差时，煤炭价格走低，市场需求低迷，煤矿按i+1阶段的用户的订货量发货。方程式为：

出库速率$_{i+2}$= IF THEN ELSE［价格≥500,实际生产速率$_{i+2}$+库存量$_{i+2}$/单位修正系数,MIN（库存量$_{i+2}$/单位修正系数+实际生产速率$_{i+2}$,订货速率$_{i+2}$）］　　（4.28）

订货速率$_{i+2}$= DELAY FIXED（实际订货速率$_{i-1}$,平均逗留时间W_{si},实际订货速率$_{i-1}$）　　（4.29）

式子中用到的DELAY FIXED函数，其函数形式为：

DELAY FIXED（{*in*},{*dtime*},{*init*}）

其中*in*为输入值，*dtime*即Delay Time，为延迟时间，*init*即Initial Value，为初值。DELAY FIXED函数对输入量做延迟处理，但处理过程中Delay Time是一个常量。即便在设置时将Delay Time设置为表达式，运行过程中延迟时间也不会随着表达式的变化而变化。例如函数：入库延迟=DELAY FIXED（入库,2,入库延迟）的运行结果如图4.13所示。

DELAY FIXED函数与SMOOTH函数：入库延迟=SMOOTH（入库，2），所产生的延迟效果具有显著的差异，SMOOTH函数平滑后的量始终是达不到平滑线曲线对应的值，两者运行结果对比如图4.14所示。系统中煤矿接到订单及后续发货

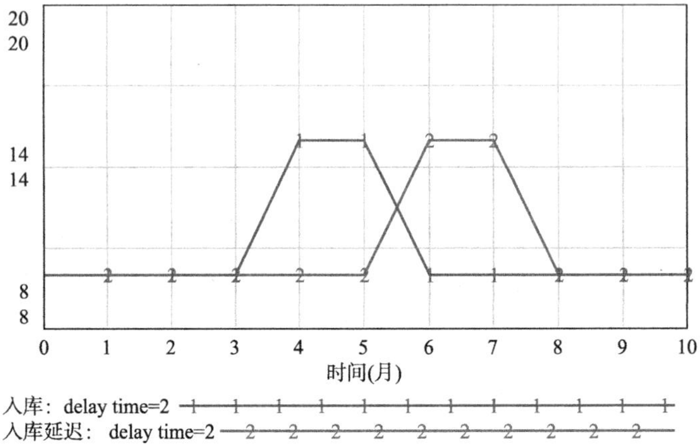

图4.13　DELAY FIXED函数延迟效果图

虽然都有所延迟，但是理论上每个订单的订货量、发货量和收货量在数量上是没有增减的。因此，此处选择使用DELAY FIXED函数更为妥当。

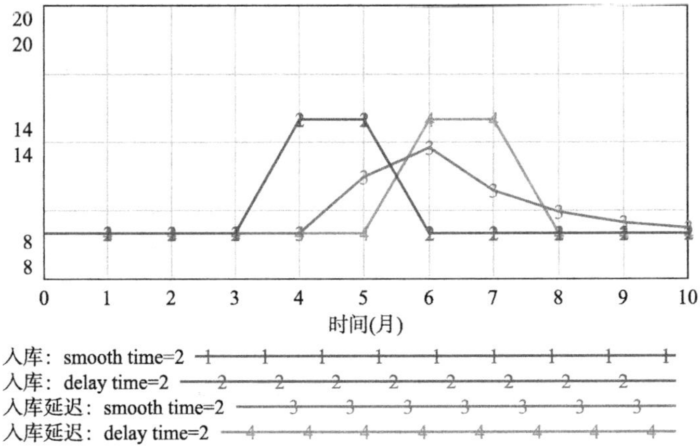

图4.14　DELAY FIXED函数和SMOOTH函数运行结果对比图

3）实际生产速率

同样，煤炭行情好时，市场需求量大，煤矿按最大产能进行生产；煤炭行情差的时候，即便价格很低，生产煤炭不赚反赔的情况下，煤矿为弥补固定成本，也会进行生产，此时煤矿除了需要生产出当月订单量的煤炭外，还要补充期望库存与实际库存之间的偏差量，也就是说煤矿的实际生产速率受到订货速率、最大生产速率、价格、期望库存与实际库存量之偏差四个因素的影响，方程如下：

实际生产速率 $_{i+2}$ =IF THEN ELSE（价格≥500,最大生产速率 $_{i+2}$,MIN（最大生产速率 $_{i+2}$,偏差 $_{i+2}$/单位修正系数+订货速率 $_{i+2}$））　（4.30）

偏差 $_{i+2}$ =期望库存 $_{i+2}$ –库存量 $_{i+2}$　（4.31）

期望库存 $_{i+2}$ =安全库存 $_{i+2}$ +订货速率 $_{i+2}$ × 单位修正系数　（4.32）

式（4.32）中安全库存是指煤矿为应对突发需求，或者作为调整煤炭价格的策略，防止投放市场煤炭过多，形成煤炭紧俏假象来保持煤炭价格而存储的煤炭。期望库存量是煤矿希望持有的库存水平，等于安全库存与当月订货量之和。

4.4.4 微专业服务供应商子系统流图

与供应链管理服务商服务能力调整相似，煤炭洗选、运输等微专业服务企业在人力服务能力出现偏差时也会通过加班、雇佣或者解聘职工的方式进行能力调整。此外，还可能出现现有设备服务能力出现偏差的情况。当设备服务能力过剩时，企业可以通过停用闲置甚至变卖的方式进行调整；而当设备服务能力出现不足时，企业可以选择租赁或者购置设备，甚至可以将过剩的需求服务进行外包来实现服务能力的供需平衡。但是不论采取哪种方式，都需要一定的服务能力调节时间。

煤炭服务供应链中微专业服务供应商涉及多种功能型企业，但是考虑到煤矿生产的煤炭若煤质好则无需洗选，若煤质差则在出矿前洗选，需要煤炭供应链管理服务商协调洗选的比例较小，而煤质检环节简单、耗时较短，故在此只考虑具有存储转运功能的港口。煤炭运输方式图如图4.15所示。

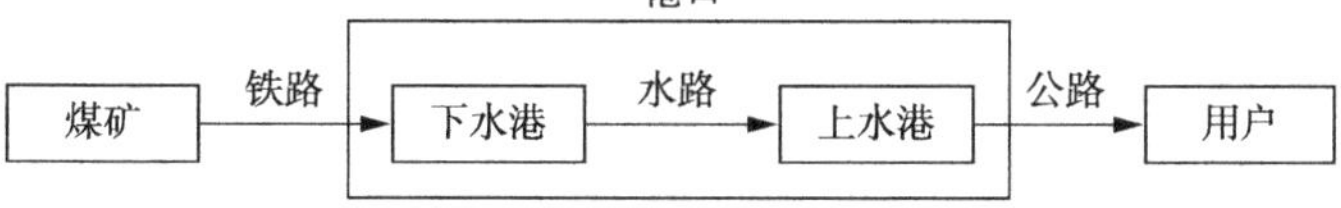

图4.15　煤炭运输方式图

汽运作为煤炭运输环节中重要的辅助运输方式，具有灵活性强、运量小、成本高、运速慢的特点，通常用于近距离本地或邻近地区销售运输或者中间集疏散运输。铁路运输是煤炭运输的主要方式，约占据我国煤炭运量的70%，具有运量大、运输成本低、运速快但灵活性差的特点。水运成本低、运量大，但是受海上气候环境的影响较大。受先天煤炭分布的制约，我国西煤东运、北煤南运的煤炭量比重大，通常需要采取多式联运的运输方式，这也是我们重点考察的模式。

港口作为煤炭远途多式联运重要的运输集散中心，分为下水港和上水港。下水港和上水港运作模式和功能上是相似的，都是煤炭运输过程中的中转站。为增强模型的可操作性，将两者简化合并为港口，作为一个整体进行考量。其系统流图如图4.16所示。

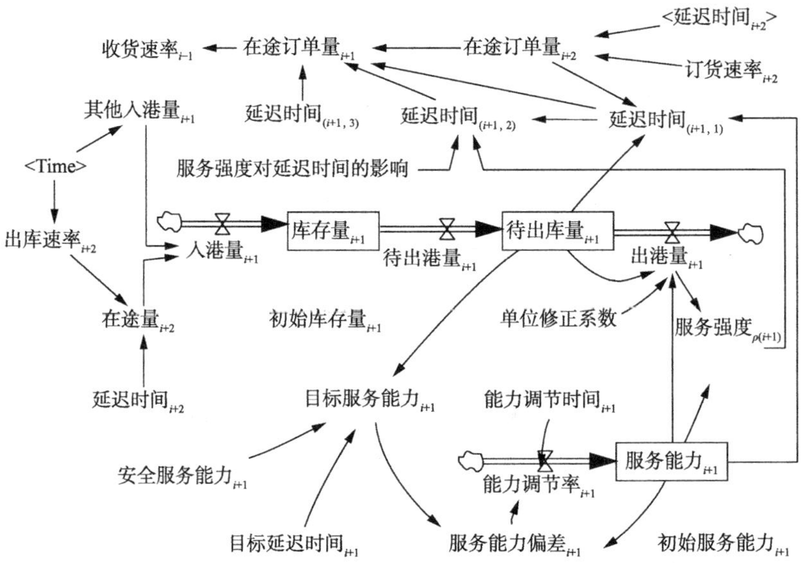

图4.16　微专业服务供应商之港口子系统流图

1）入港量

同其他阶段的库存量变动机理一样，i+1阶段的港口库存量波动同样受输入流，即入港量、输出流即出港量的影响。入港量包括上游i+2阶段的目标煤矿发出的在途煤炭量，从煤矿运至港口耗费的时间为延迟时间$_{i+2}$。除了从i+2子系统中目标煤矿运输来的煤炭，还有其他来源的煤炭，即其他入港量$_{i+1}$，为历史数据，两者之和即为该港口的总入港量，相应的方程式为：

$$入港量_{i+1}=在途量_{i+2}+其他入港量_{i+1} \quad (4.33)$$

$$在途量_{i+2}=\text{DELAY FIXED}（出库速率_{i+2},延迟时间_{i+2},出库速率_{i+2}） \quad (4.34)$$

2）库存量

进入港口的煤炭有的只是在港口进行中转，需要尽快装船进行水运，有的则是将港口作为仓库，对煤炭进行短期或者长期的存储。待出库量是本月计划需要装船运出的煤炭量，其中除了在途量$_{i+2}$,还有其他需要外运的煤炭，如图4.17所示。

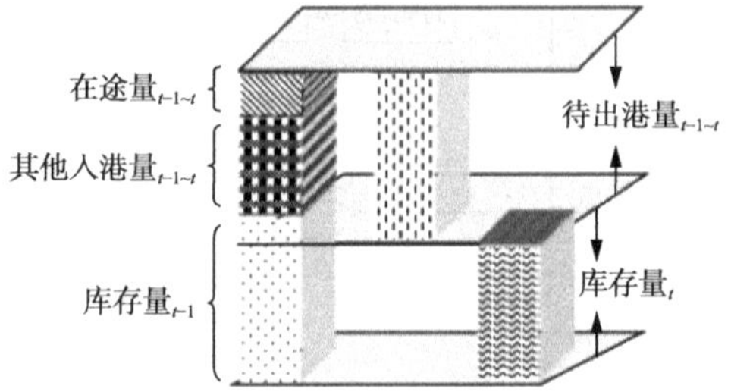

图4.17　港口库存变动情况立体图

具有关系式：t时刻港口库存量 =（t–1）时刻库存量+（t–1,t）时间段随机入港量 +（t–1,t）时间段从（i+2）阶段运来的在途量 -（t–1,t）时间段计划待出港量，用Vensim编写方程式如下：

$$库存量_{i+1} = \text{INTEG}（入港量_{i+1}–待出港量_{i+1},初始库存量_{i+1}）\quad（4.35）$$

$$待出库量_{i+1} = \text{INTEG}（待出港量_{i+1}–出港量_{i+1},待出库量t_0）\quad（4.36）$$

其中，待出库量$_{i+1}$是积累的状态变量，它是输入速率变量（待出港量$_{i+1}$）与输出速率变量（出港量$_{i+1}$）之差的积分。而实际的出港量$_{i+1}$是受服务能力$_{i+1}$影响的，当待出库量$_{i+1}$小于服务能力$_{i+1}$时，出港量$_{i+1}$大小等于待出库量$_{i+1}$；当待出库量$_{i+1}$大于服务能力$_{i+1}$时，出港量$_{i+1}$大小等于服务能力$_{i+1}$，方程式如下：

$$出港量_{i+1} = \text{MIN}（待出库量_{i+1}/单位修正系数,服务能力_{i+1}）\quad（4.37）$$

3）延迟时间

此阶段包含了三个延迟时间变量，分别为：延迟时间$_{(i+1,1)}$、延迟时间$_{(i+1,2)}$、延迟时间$_{(i+1,3)}$。煤炭港口作业流程是非常复杂的，不管是进港还是下水出港，都涉及到一系列的准备活动，如图4.18所示。

从各大港口公开的数据资料，可以直接得到设计服务能力，即初始服务能力，由Little法则可直接算出目标用户订单量装船出港所耗费的时间，即延迟时间$_{(i+1,1)}$，公式如下：

$$延迟时间_{(i+1,1)} = 待出库量_{i+1}/服务能力_{i+1} \times（在途量_{i+2} \times 单位修正系数/待出库量_{i+1}）\quad（4.38）$$

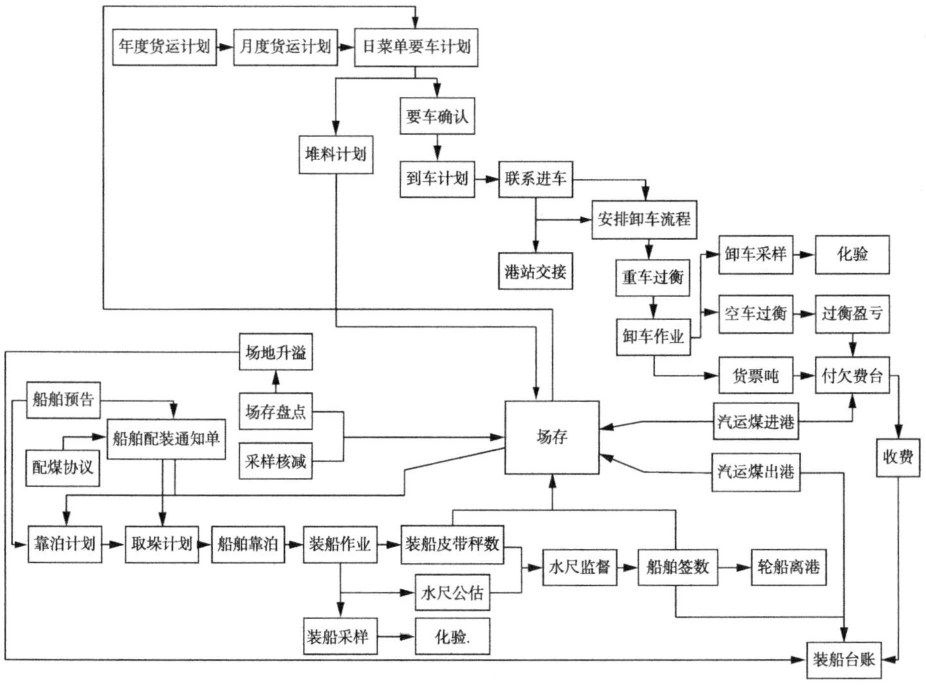

图 4.18　港口作业流程图

事实上，煤炭装船操作过程所耗费的时间只是煤炭在港口转运耗费时间的一部分，前期准备工作所耗费的时间通常是延迟时间$_{(i+1,1)}$的数倍，而且越是港口繁忙时期，待出库煤炭量越大，港口服务强度越高，可想而知，相应的前期准备过程越是拥挤，耗费的时间越长，其中变量关系用表函数进行刻画，方程式如下：

服务强度$\rho_{(i+1)}$ = 出港量$_{i+1}$/服务能力$_{i+1}$　(4.39)

服务强度对延迟时间的影响（［（0,0）-（2,40）］,（0,0）,（0.2,5）,（0.4,8）,（0.6,10）,（0.8,15）,（1,20）,（1.5,30）,（2,40））　(4.40)

延迟时间$_{(i+1,2)}$=服务强度对延迟时间的影响（服务强度$\rho_{(i+1)}$）× 延迟时间$_{(i+1,1)}$　(4.41)

此外，煤炭出港后经过水上运输及其后续的上水、陆运后抵达煤炭用户，此过程耗费的时间（即延迟时间$_{(i+1,3)}$）变化不大，可将其视为常量。经过这三段时间的延迟后，i–1 阶段目标煤炭用户订购的煤炭抵达该用户，因此有方程如下：

在途订单量$_{i+1}$= DELAY FIXED（在途订单量$_{i+2}$, 延迟时间$_{(i+1,3)}$ + 延迟时间$_{(i+1,2)}$ + 延迟时间$_{(i+1,1)}$,在途订单量$_{i+2}$）　(4.42)

在途订单量$_{i+2}$ = DELAY FIXED（订货速率$_{i+2}$,延迟时间$_{i+2}$,订货速率$_{i+2}$）（4.43）

收货速率$_{i-1}$ = 在途订单量$_{i+1}$（4.44）

注意，在途订单量$_{i+1}$和在途量$_{i+2}$不同，前者数量上等于（煤矿能满足订单量的情况下，否则会小于）i+1阶段的煤炭用户发的订单量，而后者是煤矿向港口发出的煤炭，数量上大于等于在途订单量$_{i+1}$，除了包括在途订单量$_{i+1}$之外，还有向其他用户发出的煤炭或者计划存储于港口以待销售的量。

4）服务能力

该子系统中的服务能力指的是港口在单位时间内可将指定煤炭进行装船作业的量，单位为万吨/月，方程如下：

服务能力$_{i+1}$ = INTEG（能力调节率$_{i+1}$,初始服务能力$_{i+1}$）（4.45）

能力调节率$_{i+1}$ = IF THEN ELSE（服务能力偏差$_{i+1}$>10, 服务能力偏差$_{i+1}$/能力调节时间$_{i+1}$,0）（4.46）

服务能力偏差$_{i+1}$ = 目标服务能力$_{i+1}$−服务能力$_{i+1}$（4.47）

目标服务能力$_{i+1}$ = 待出库量$_{i+1}$/目标延迟时间$_{i+1}$+安全服务能力$_{i+1}$（4.48）

4.4.5 整体系统模型

前面逐一介绍了煤炭用户、供应链管理服务商、煤炭供应商、港口四大主体为中心的子系统，四大主体是由订单流和物质流有机融合在一起的，如图4.19所示。图4.19虚线所示的订单流从下游向上游流动，先由i−1阶段的煤炭用户发出订单需求，订单离开用户传递到i阶段的供应链管理服务商，表现在系统中为：当实际订货速率$_{i-1}$大于零时，订单数$_{(i-1,1)}$为1，实际订货速率$_{i-1}$等于零时，订单数$_{(i-1,1)}$为0，即没有缺货需求，不进行煤炭订货。相应的方程式为：

订单数$_{(i-1,1)}$ = IF THEN ELSE（实际订货速率$_{i-1}$>0,1,0）（4.49）

理论上讲，订单数$_{(i-1,2)}$也应由此方式统计得来，为简化起见，只展开一个企业订单下达系统，其余部分的订单由4.3.2节中式（4.13）所述的随机分布函数生成。订单传递至供应链管理服务商，并通过其进行确认及相关处理后，将订单传递至上游i+2阶段的煤矿，煤矿获得下游的用煤需求量为延迟后的实际订货速率$_{i-1}$，此过程所耗费的时间即为平均逗留时间W_{si}。

煤矿按照接收到的订货速率$_{i+2}$进行发货，物质流动由此处开始。而发货前期需要请车、装车、过衡等工作，发货后煤炭路途中运输也需要一定的时间，这些便是延迟时间$_{i+2}$，延迟后的煤炭抵达i+1阶段的港口，经过入港、装船出港、水上运输后将煤炭送达用户，物质流动就此结束。

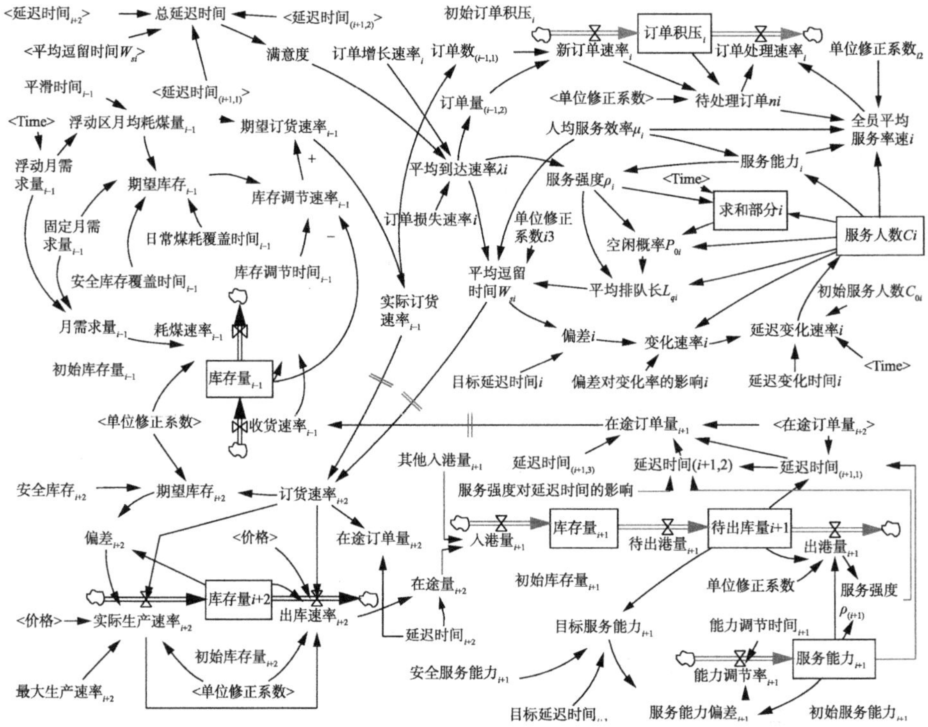

图4.19 煤炭服务供应链系统流图

此外，煤炭用户通常在月末下单，要求一个月内收够订单约定数量的煤炭，若以客户需求的订单满足率作为度量客户满意度的指标[122]，如果总的延迟时间小于一个月，满意度就取值1，大于一个月，满意度就取值为0。当满意度为1时，由于良好服务水平的口耳相传而使得煤炭供应链管理服务商得到的订单平均到达率λ_i以一定的速率增长，命名该增长率为“订单增长速率$_i$”。当满意度取0时，假设原有的煤炭用户将转而选择其他服务商，供应链管理服务商会以“订单损失速率$_i$”的速度损失掉已有的订单量。用方程式表达为：

满意度 = IF THEN ELSE（延迟时间≤1,1,0） （4.50）

平均到达速率λ_i= INTEG（IF THEN ELSE（满意度=1,订单增长速率$_i$,订单损

失速率$_i$），初始平均到达速率λ_{i0}） （4.51）

如此一来，订单流、煤炭实体流通过满意度的作用形成了大的反馈回路。

4.5 本章小结

本章首先简要介绍了系统动力学建模的基本步骤，并分析了运用该方法对煤炭服务供应链进行建模的可行性；在明确说明建模目的、界定建模边界、设立假设条件的基础上，运用Vensim软件构建了煤炭服务供应链系统动力学模型。研究分析得到：

煤炭服务供应链上各类节点企业之间存在着物流、信息流、服务能力流、资金流的流动，是典型复杂非线性系统，且链条上涉及的企业多，数据搜集极其困难，正适合用系统动力学对其进行研究。

通过将煤炭服务供应链结构模式进行简化，并构建包含电厂用户、供应链管理服务商、煤矿、港口四类节点企业的系统动力学模型，运用系统动力学因果关系分析明确变量间的因果反馈关系。

根据已有的因果关系图，绘制每个子系统相应的流图，并将其整合为整体的系统流图。

5 煤炭服务供应链SD模型仿真及管理策略研究

本章是对已构建的煤炭服务供应链进行仿真模拟，并提出管理策略上的建议。其中，第一节对模型的参数进行确定，并对模型进行了有效性测试；第二节是针对煤炭服务供应链上具有煤炭库存的电厂用户、煤矿、港口进行库存仿真分析，并提出库存管理建议；第三节是对链条上的订单与服务能力进行仿真分析，并为供应链管理服务商和微专业服务供应商即港口提出管理建议；第四节是对电厂用户和煤矿之间的资金流进行仿真分析，提出资金流管理建议。

5.1 参数值的确定及模型有效性测试

5.1.1 参数值的确定

Forrester将模型中的数据分为三类：数值数据、书面数据、主观数据。数值数据就是常见的时间数列、数据库中的各类数据，如所构建系统中的浮动月需求量$_{i-1}$，书面数据包括步骤、组织结构图表、邮件等记录，主观数据则涵盖人们主观意识模型中的所有信息。我们对周围事物的认识大都是描述性的，建模初期运用经验性数据和主观臆测参数值是有必要，也是有价值的。

系统动力学模型中的参数分为常数、表函数、状态变量的初始值。信息反馈是系统动力学模型的基本结构，在模型构建时对数据精度的要求相对不高，参数变化对模型的行为变动不敏感，其行为模式和运行结果关键在于所构建的模型整体结构，参数取值对其影响非常有限。系统动力学不主张运用统计学的方法来过分关注模型的参数估计，只要满足建模要求即可。模型对于精度的要求取决于建模的目的及模型的类型。在建模过程中使用的参数估计方法主要有[123]：

① 综合参考领域专家及相关企业、部门的估计选择参数值；

② 根据历史数据，运用统计技术、预测技术估计参数；

③ 根据模型中部分变量间的关系利用相关分析法确定参数；

④ 通过模型的模拟运行，选择能较好反映现实系统的参数值；

⑤ 根据研究问题进行调研，确定参数值。

我们对参数的赋值充分结合了以上所述的各种方法，通过反复的调试确定各个参数的值，并结合国内某大型供应链管理公司秦皇岛事业部及其上下游构成的煤炭服务供应链为例确定变量初始值，历史数据为2015年8月至2017年8月25

月，具体如表5.1所示。

表5.1 系统参数设置

量	取值	量纲
初始库存量$_{i-1}$	40	Ttons
固定月需求量$_{i-1}$	24	ttons/Month
安全库存覆盖时间$_{i-1}$	20/30	Month
平滑时间$_{i-1}$	2	Month
库存调节时间$_{i-1}$	1	Month
日常煤耗覆盖时间$_{i-1}$	7/30	Month
初始服务人数C_{0i}	10	Person
初始订单积压$_i$	0	Jobs
单位修正系数	1	Month
单位修正系数$_{i2}$	1	jobs/（person*Month）
单位修正系数$_{i3}$	1	person/Month
延迟变化时间$_i$	2	Month
目标延迟时间$_i$	1/30	Month
订单增长速率$_i$	0.02	Dmnl
订单损失速率$_i$	0.04	Dmnl
初始库存量$_{i+2}$	30	Ttons
安全库存$_{i+2}$	4	Ttons
最大生产速率$_{i+2}$	40	ttons/Month
初始库存量$_{i+1}$	650	Ttons
初始服务能力$_{i+1}$	2500	ttons/Month
安全服务能力$_{i+1}$	1000	ttons/Month
能力调节时间$_{i+1}$	60	Month
延迟时间$_{(i+1,3)}$	2/30	Month
目标延迟时间$_{i+1}$	0.3333	Month
浮动月需求量$_{i-1}$	WITHLOOKUP（Time,（[（0,0）-（40,20）]，（1,8），（2,9），（3,8），（4,5），（5,5），（6,6），（7,7），（8,8），（9,6），（10,6），（11,7），（12,8），（13,9），（14,9），（15,8），（16,6），（17,5），（18,7），（19,8），（20,9），（21,7），（22,6），（23,7），（24,8），（25,9）））	ttons/Month
偏差对变化率的影响$_i$	（[（-2,-2）-（20,5）]，（-0.5,-0.05），（0,0），（0.5,0.1），（1,0.1），（2,0.12），（2.5,0.15），（3,0.3），（5,0.6），（6,1），（7,1.5），（9,2.3））	Dmnl

其中ttons为ten-thousands tons的缩写，即万吨。单位修正系数只是为了统一方程式两侧的单位，没有其他含义。比如，对于方程：

出港量$_{i+1}$ = MIN（待出库量$_{i+1}$/单位修正系，服务能力$_{i+1}$）

实际出港的煤炭量（单位为ttons/Month）数值上等于待出库量（单位为ttons）与服务能力（单位为ttons/Month）中较小的那个量，这在逻辑上是没有问题的，但是单位却不统一，为使得方程左右的单位一致，就需要单位修正系数进行修正。

5.1.2 模型有效性测试

系统动力学不可能实现完全的有效性和检验，因为我们运用自己的心智模式及定量模型对真实世界进行的是有局限性的、简化的建模，是在一系列假设前提下对特定问题的探究。系统动力学有专门用于发现模型缺陷的测试方法，正如4.1.1所述，斯特曼并没有将历史性测试纳入12种系统动力学测试方法，因为盲目追求运行结果与历史数据吻合反而会出现问题。构建模型主要目的不在于追求精确的预测，而是在于不同策略下的曲线走势分析，且煤炭服务供应链所涉及企业类别多，不同企业采取不同策略，数据差异巨大，很难获取准确的数据。因此，我们对所构建的模型进行常见的量纲一致性测试、灵敏度测试和极端条件测试。

1）量纲一致性测试

系统动力学模型的检验最为基本的就是量纲一致性检验，用以检查模型中的变量量纲是否一致，是否合理，与实际情况是否相吻合。点击“Units Check”按钮，系统通过量纲一致性检验，出现如图5.1所示的窗口。

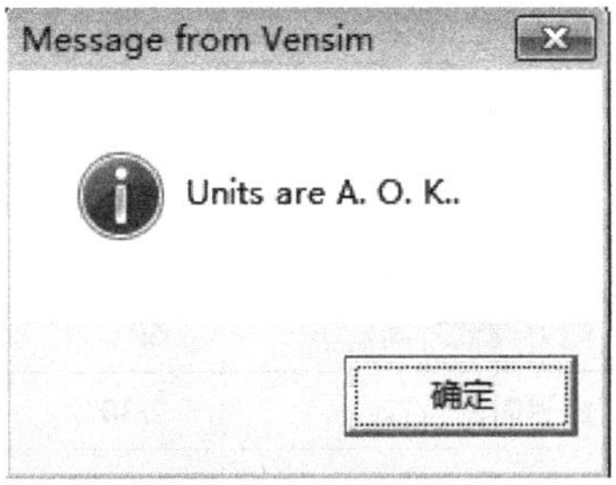

图5.1 量纲一致结果图

2）灵敏度测试

灵敏度测试和敏感性分析。灵敏度测试是指更改模型中有关常量值的假设，检验该变化对模型输出结果数值上的变化的过程。在模型调试试验中，如果某个量稍微变化，就会导致系统行为过大或过小，也就是严重不合理或失真，那说明这个量或这个系统结构的灵敏度过高，系统结构不合理，系统行为不稳定，模型不具有一定范围内的适用性，需要重新进行修正，而变量间灵敏度分析结果发现自变量的变化能引起的因变量变动非常有限，则应该删除该自变量；敏感性分析是指一个合理的系统模型中，参量在合理取值范围的变化，对系统行为的影响有多大，常用来确定对某一变量变动起决定性作用的是哪些因素。因此，两者有相通之处，但又完全不同。

在给定任何项目中有限的时间和资源，灵敏度分析必须着重于我们认为既高度不确定又有可能会起决定性作用的关系和参数。一个没有不确定性存在的参数是不需要被测试的。一个对模型动态行为不会产生太大影响的参数，即使其取值是高度不确定的，也不存在灵敏度测试的必要，因为估计误差所能产生的后果非常小。通过对系统中参数的灵敏度分析发现，既没有过度灵敏的量，也不存在灵敏度过低的量。

3）极端条件测试

系统力学构建的模型在极端条件下应该依然是可靠的，符合现实情况和逻辑。极端条件测试中，模型中的参数在取零或者无穷大等极端值时运行的结果应该仍旧合理。比如，各阶段的煤炭库存量、订单积压量都不可能出现为零的情况。

图5.2是煤矿的最大生产速率从初始值40变为0时的运行结果图。现实世界中如果煤矿的最大生产速率为0，也就是说煤矿停产时，可以出库的煤炭仅仅为煤矿现有的库存量，在库存量全部运输之后，出库速率就应该为零，正如图5.2（a）所示。相应的，*i*–1阶段的煤炭用户库存量也因始终收不到煤炭而迅速下降为零，如图5.2（b）所示。可见，极端情况下模型运行结果仍符合现实情况。

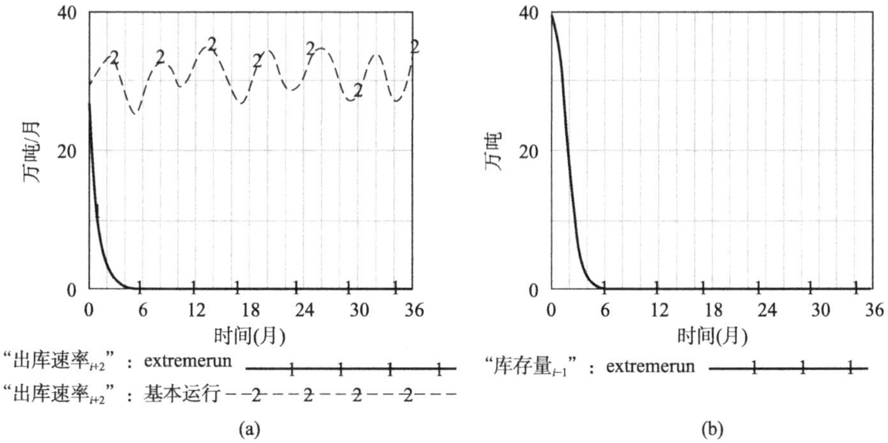

图5.2　极端条件测试

5.2 库存管理策略仿真研究

库存管理始终是供应链管理极为重要的一部分，煤炭服务供应链管理的一大目的就是降低供应链库存。煤炭作为大宗商品，是供应链价值增值的载体，其供应链库存是企业为应对市场供应波动引发的缺货损失而必备的资源，一方面保障上游用煤需求，一方面过多的库存又会占据大量的资金，降低资金的周转率，产生额外的管理成本，造成社会库存过剩。因此有必要对煤炭服务供应链中库存的分布、是否存在放大、振荡、相位滞后等问题及相应的抑制措施进行探讨。同时为防止库存过高，有效降低库存量，有必要找出最有效的控制参数。

煤炭服务供应链系统动力学模型虽然较为清晰地呈现出四个阶段、四大节点企业，但因i阶段的供应链管理服务商作为供应链管理协调者，并不具备煤炭存储功能，所以只有i-1阶段、i+1阶段、i+2阶段涉及了煤炭库存。运行模型前进行如下设置：INITIAL TIME = 0, FINAL TIME = 25，TIME STEP = 0.125，时间单位为Month。点击“Run a Simulation”按钮后即可得到三个阶段的库存仿真图。

5.2.1 煤炭用户库存初始仿真结果分析

图5.3中用户库存量$_{i-1}$呈现出很强的规律性波动，这是因为该子系统中需求量的数据来源于电厂，而电力耗煤具有非常显著的随季节波动的属性。煤炭用户

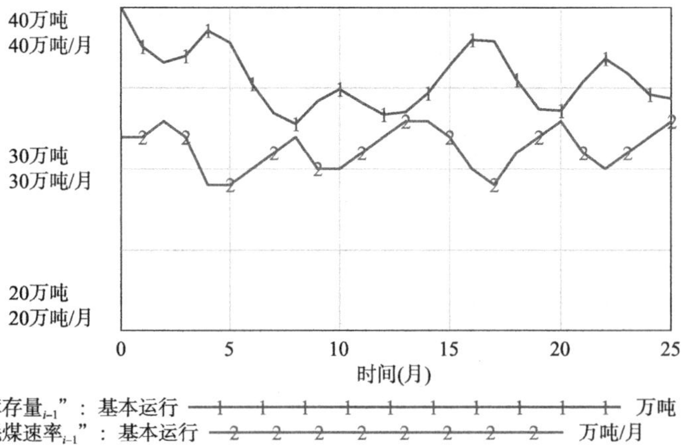

图5.3 煤炭用户库存量变化趋势图

始终将库存量控制在30万~40万吨之间，其波动曲线与耗煤速率曲线如同“倒影”般，两者的谷峰高低恰恰相反，在耗煤量少的时候库存量大，耗煤量大的时候库存量小。

由图5.4可知，煤炭用户的实际订货速率与收货速率波动曲线几乎是一样的，但是有明显的相位滞后现象，这是因为用户从下单到收货之间存在一定的时间延迟，总的延迟时间为6~9天，当然，这要视煤炭用户地理位置的远近而定。

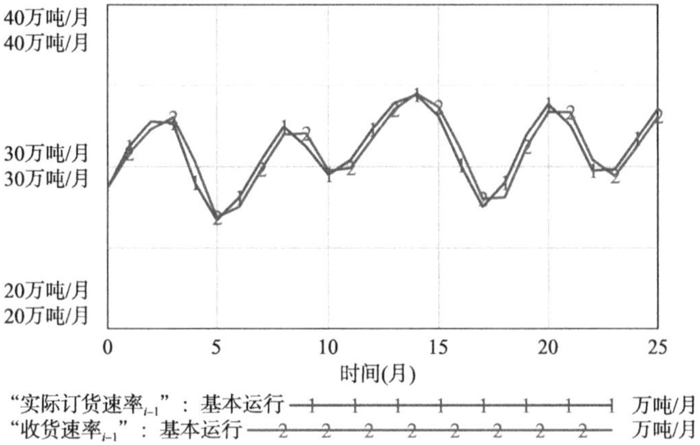

图5.4　煤炭用户订货和收货变化趋势图

表5.2　延迟时间统计分析表

变量名	最小值（Min）	最大值（Max）	均值（Mean）	方差（StDev）
延迟时间	0.2142	0.3041	0.2478	0.0248

由表5.2可知，供应链管理服务商为煤炭用户供煤的延迟时间方差很小，为0.0248，这得益于供应链管理服务商广阔的煤源，在接到用户用煤要求后，可以迅速定位符合合同标准的煤炭供应商，制定好最佳的运输路线，从而能以最快的速度将煤炭保质保量地送达用户。

5.2.2　煤炭用户库存敏感性分析

为确定影响煤炭用户库存量的关键参数，对该子系统中的四个输入悬摆，即安全库存覆盖时间$_{i-1}$、库存调节时间$_{i-1}$、平滑时间$_{i-1}$、日常煤耗覆盖时间$_{i-1}$进行敏感性分析。初始模型中安全库存覆盖时间$_{i-1}$取值为20天，现在采取均匀随机分布函数来产生大于等于10天，小于等于30天的200个随机数，进行模拟运行。函数表达式为：

$$安全库存覆盖时间_{i-1} = \text{RANDOM UNIFORM}（0.3333，1） \tag{5.1}$$

同理，库存调节时间$_{i-1}$的初始值为1个月，取最小值为20天，最大值为40天的随机数；平滑时间$_{i-1}$的初始值为2个月，取最小值为1个月，最大值为3个月的随机数；日常煤耗覆盖时间$_{i-1}$的初始值为7天，取最小值为5天，最大值为9天的随机数，各自对应的函数表达式为：

$$库存调节时间_{i-1} = \text{RANDOM UNIFORM}（0.6667，1.3333） \tag{5.2}$$

$$平滑时间_{i-1} = \text{RANDOM UNIFORM}（1，3） \tag{5.3}$$

$$日常煤耗覆盖时间_{i-1} = \text{RANDOM UNIFORM}（0.1667，0.3） \tag{5.4}$$

运行模型后得以下结果，如图5.5所示。

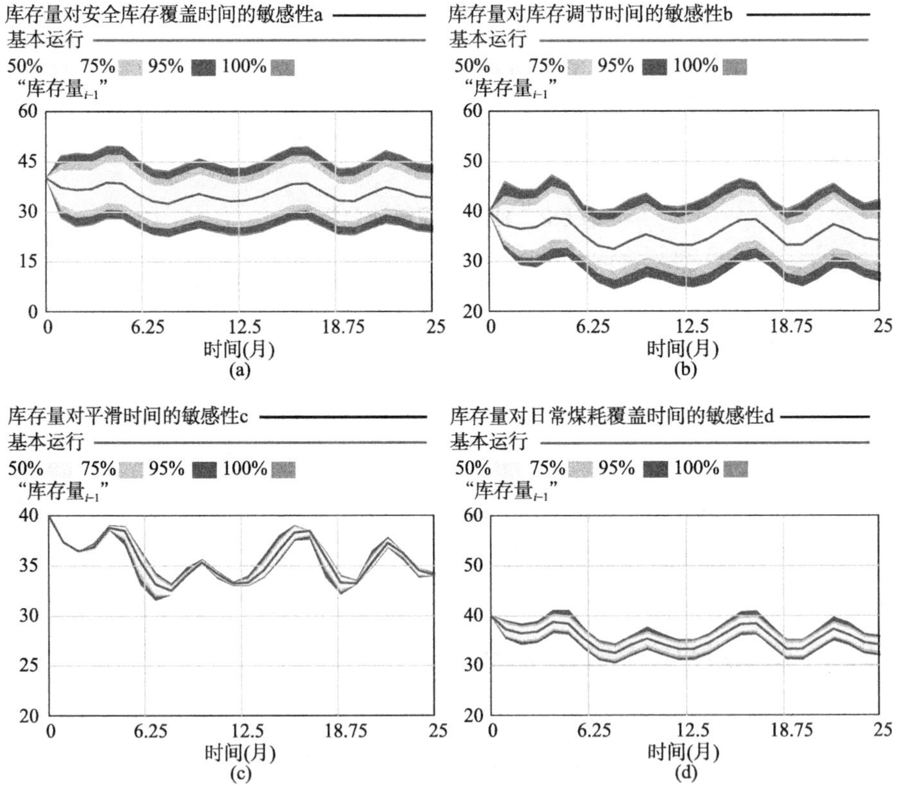

图5.5　库存量$_{i-1}$对各参数的敏感性

从图5.5（a）、图5.5（b）可以清楚地看到，两者的带宽相似，但远大于图5.5（c）、图5.5（d），说明用户库存量对安全库存覆盖时间$_{i-1}$、库存调节时间$_{i-1}$的敏感性相当，且远大于对平滑时间$_{i-1}$、日常煤耗覆盖时间$_{i-1}$的敏感性。因此煤炭用户为有效降低库存量，需要对安全库存覆盖时间和库存调节时间进行调整。库存量与安全库存覆盖时间是正反馈关系，与库存调节时间是负反馈关系，因此煤炭用户需要适当缩短安全库存覆盖时间、延长库存调节时间来降低库存量。

5.2.3 煤矿库存初始仿真结果分析

如图5.6中价格曲线1所示，当煤炭价格处于低位时，市场需求疲软，买方市场下煤炭销售不畅，为避免产量过多的库存积压，煤矿只能根据市场用户需求进行生产，库存量$_{i+2}$随订单量上下波动，如图5.6中曲线2在第13个月之前的部分。但是当煤炭价格处于高位时，煤矿会满负荷生产，而且由于煤炭市场供不应求，煤矿库存量会非常小，几乎为零。可见，煤矿这种“低价跟订单，高价拼产能”的生产策略会导致库存的极度不稳定波动。

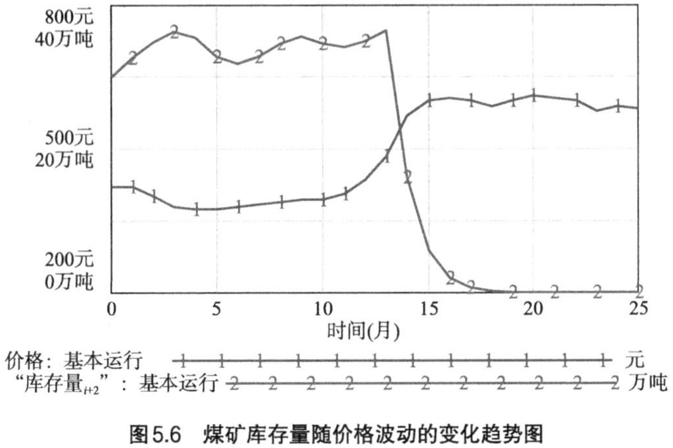

图5.6　煤矿库存量随价格波动的变化趋势图

5.2.4 煤矿库存管理策略分析

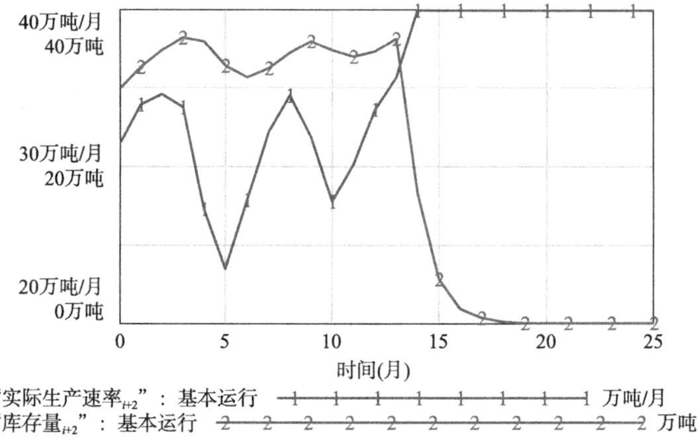

图5.7 各阶段煤炭库存量变化趋势图

图5.7中i+2阶段煤矿子系统的库存波动不同于煤炭用户库存，其在第14个月之前是上下浮动的曲线，之后下降至几乎为零，这种特殊的库存曲线源于煤矿采取的生产及存储销售策略，即在5500K煤炭价格小于500元/t时，按订单需求量生产和发货，价格大于500元/t时，煤矿按最大产能进行生产，因购煤需求旺盛，煤炭全部出售，或将未出售煤炭全部发至港口待价而沽，我们将此策略称为策略一。显然这种盲目的由价格定生产的策略容易造成供应链上库存积压，最终累积产生社会煤炭库存过剩，供大于求使得煤炭价格下跌，煤炭行业的不稳态有碍于社会经济的长远健康发展。因此，有必要探讨其他有利可行的管理策略方案。

在煤矿子系统中加入策略阀门变量"策略阈值"，如图5.8所示。当策略阈值为1时，系统将按生产策略一进行模拟；当策略阈值为2时，煤矿将始终按订单量进行生产，并按能满足的最大订单量为用户发货，即为策略二。

此选择策略的方程描述如下：

实际生产速率$_{i+2}$ =IF THEN ELSE（策略阈值=1，IF THEN ELSE（价格≥500，最大生产速率$_{i+2}$，MIN（最大生产速率$_{i+2}$，偏差$_{i+2}$/单位修正系数+订货速率$_{i+2}$）），MIN（最大生产速率$_{i+2}$，偏差$_{i+2}$/单位修正系数+订货速率$_{i+2}$））　　（5.5）

出库速率$_{i+2}$=IF THEN ELSE（策略阈值=1，IF THEN ELSE（价格≥500，实际生产速率$_{i+2}$+库存量$_{i+2}$/单位修正系数，MIN（库存量$_{i+2}$/单位修正系数+实际生产

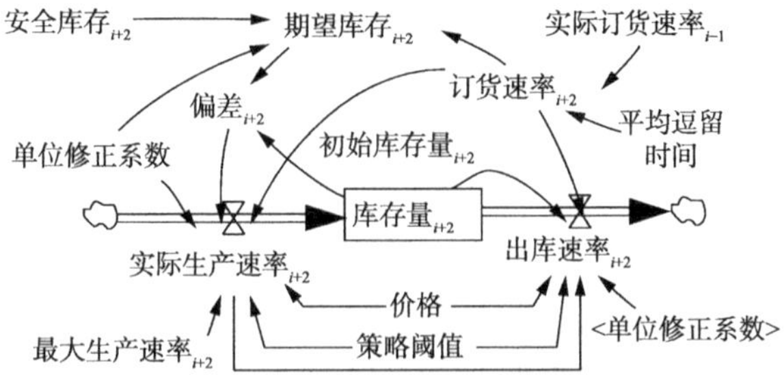

图5.8 煤矿子系统策略试验流图

速率$_{i+2}$，订货速率$_{i+2}$)，MIN（库存量$_{i+2}$/单位修正系数+实际生产速率$_{i+2}$，订货速率$_{i+2}$)）（5.6）

策略阈值 = 2（5.7）

其中对策略阈值写方程时需要设置其取值的最小值、最大值和步长，以便后续进行复合模拟，具体设置如图5.9所示。

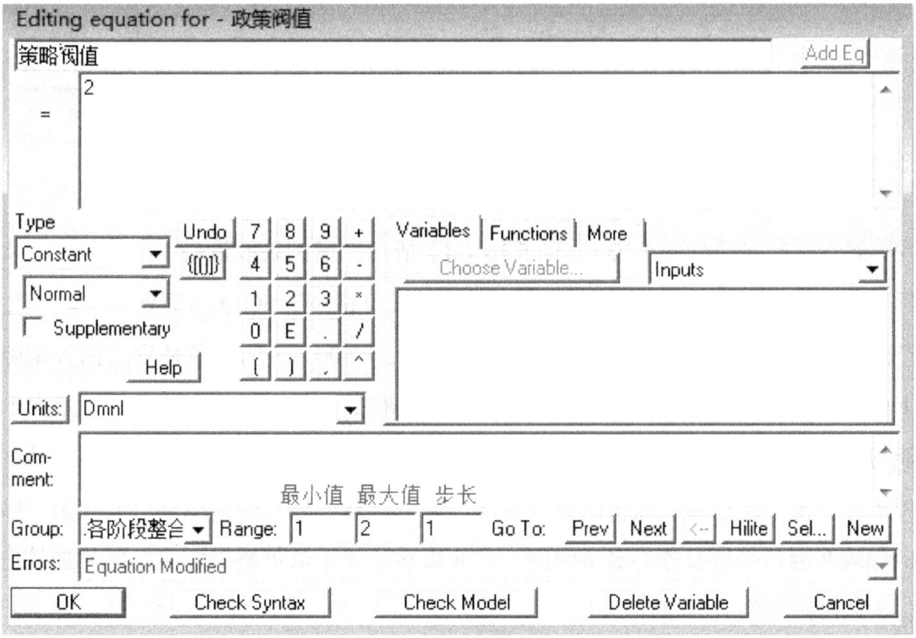

图5.9 策略阈值方程编写

对设置好的系统进行复合模拟，会出现如图5.10（a）所示的滚动条，拖动策略阈值的滚动条，如图5.10（b）所示输入输出窗口会展现其取值为2或者1的曲线结果。

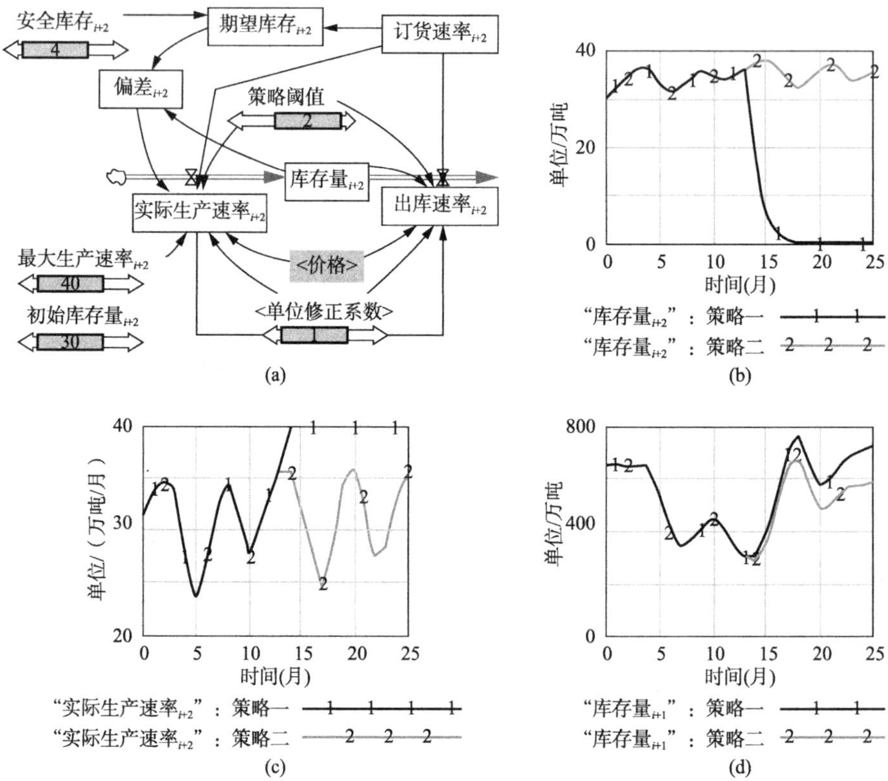

图5.10　不同策略下煤矿库存复合模拟结果图

系统运行结果如图5.10（c）、5.10（d）所示，煤矿采取策略一与策略二的实际生产速率曲线和库存量曲线显著不同，煤炭价格小于500元/t时两种策略下生产速率及库存量波动是一样的，但是当价格大于500元/t时，就体现出两种策略下的差异，此时策略阈值取2表示煤矿采取策略二，其实际生产速率等于最大产能与偏差和订单量之和的较小值，而策略一下实际生产率就等于最大产能。从两种策略下港口库存量的曲线图可以看出，采取策略二能有效减少港口库存量，减少煤炭在港口等待服务的滞留时间，行业煤炭企业采取策略二所引起的累加效应将大幅度降低供应链库存。

5.2.5　港口库存波动特征分析

图5.11是根据煤炭网公布的数据整理后绘制而成的，呈现了秦皇岛港口从

2015年8月至2017年8月两年的日库存量（2017年数据量多，因此图5.11后半部分曲线幅度偏长）[124]，可以清楚地看到其波动趋势与图5.12中仿真得到的库存量$_{i+1}$曲线2一致。

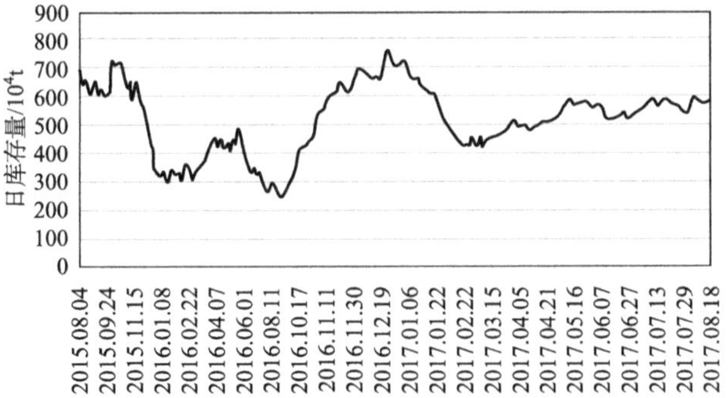

图5.11　秦皇岛港日库存量变化趋势图

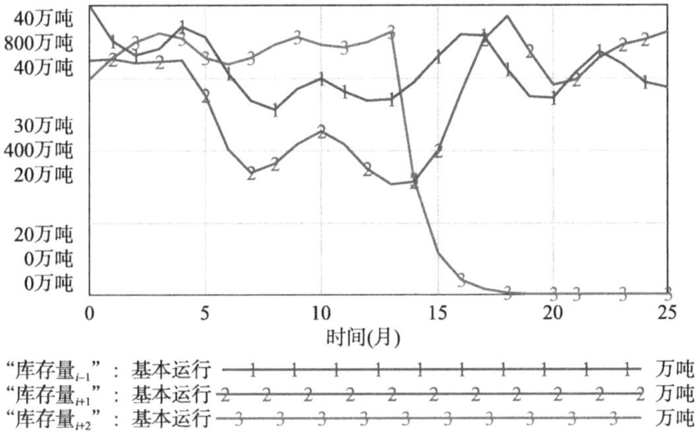

图5.12　各阶段煤炭库存量变化趋势图

港口库存量$_{i+1}$也具备上下波动的特征，而且与用户库存量$_{i-1}$的起伏趋势一致，但是不同的是港口库存量$_{i+1}$振荡的幅度要更大，呈现出著名的牛鞭效应特性。煤矿库存量$_{i+2}$在第14个月之前呈现出与库存量$_{i-1}$起伏相反的波动，但是从第14个月开始逐渐降低为零，这与煤炭价格波动及煤矿采取的生产销售策略密不可分。可见，上游煤矿企业依据价格波动而定的生产策略严重影响了下游港口库存的波动，在价格波动下很容易产生库存量由上游至下游的放大现象。

从表5.3三个变量的方差也可以看出，i+1阶段的港口库存量是波动最大的，终端煤炭用户的库存量振荡幅度最小，虽然煤矿库存量方差值小于港口库存量，但通常港口煤炭的交割采取的是平仓价，港口库存的所有权属于上游煤矿（或者中间商）。

表5.3 各阶段库存量统计分析

变量名	最小值（Min）	最大值（Max）	均值（Mean）	方差（StDev）
库存量$_{i-1}$	32.8	40	35.62	1.866
库存量$_{i+2}$	0.0002	36.37	19.31	16.28
库存量$_{i+1}$	303.97	767.84	545.90	145.72

因此，从煤炭存储所处的供应链位置及数量上看，煤炭库存量<用户库存量<港口库存量，如图5.13所示，其库存量波动与常见的下游至上游逐级放大的牛鞭效应不同，而是从下游煤炭用户至中间港口放大，从中间港口至上游煤矿变小，即“中高侧低”的现象；从煤炭所有权上来看，将港口煤炭归到煤矿企业，显然符合常见的下游至上游逐级放大的牛鞭效应。

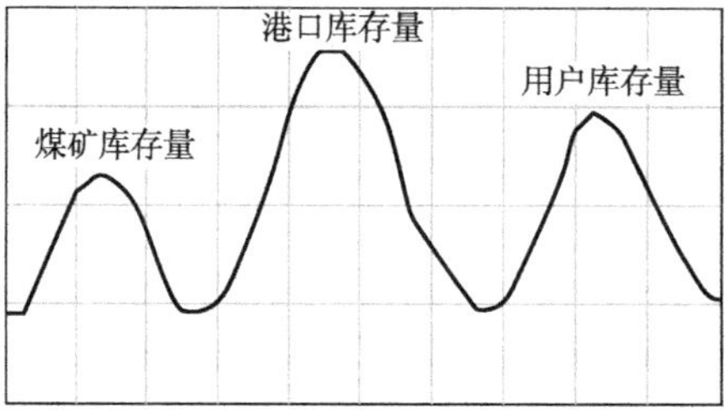

图5.13 各级煤炭库存量大小示意简图

5.3 订单与服务能力管理策略仿真研究

煤炭服务供应链的信息延迟主要表现为煤炭订单的传递及处理。煤炭用户在发出订单后，经过沟通协商与供应链管理服务商签订“购销合同”。供应链管理服务商选定供煤企业后，由煤炭供应商按时发送煤炭至港口，再由供应链管理服务商在港口办理相关手续，由秦皇岛港安排装船计划，由拖轮拖动指定船舶靠泊作业，装船完毕后拖动出港，运至上水港。同样煤炭从上水港上岸后由铁路或汽车运至最终用户。这个过程中订单的传递处理不可避免地会出现时间上的延迟，同时节点企业为满足各类服务需求需要对其服务能力作出相应的调整。

5.3.1 供应链管理服务商订单及服务能力初始仿真结果分析

供应链管理服务商虽然不涉及库存积压的问题，但其对订单的处理效率及效果对于后续链条的运作是至关重要的。比如，接到深圳某电厂供煤的订单后，该系统内服务人员需要迅速制定出供煤方案，提供国内煤炭、国外进口煤炭以及两者的组合，走陆运、海运还是多式联运，各个阶段计划耗时等选择关系到整个服务流程所需的时间。

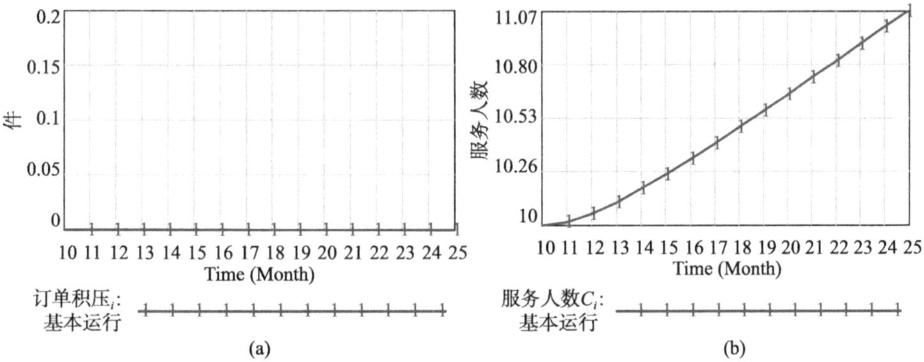

图5.14 供应链管理服务商订单积压及服务人数变化趋势图

初始模型运行结果显示，与普通的服务供应链订单积压不同，供应链管理服务商子系统的运作处于非常稳定的状态，以月为单位来看，由于对订单的处理及时，不会因服务能力不足而使得当月订单积压至下月处理，订单积压始终为零，见图5.14（a）。订单在此阶段的平均逗留时间始终保持在0.0346个月，约为1天，与目标延迟时间（1天）偏差非常小，因此服务人数的变动也就不大见图5.14（b）。但其服务强度在0.1左右，服务空闲的概率在30%左右，说明该阶段企业服务能力利用率不高，这是因为供应链管理服务商为了订单能按约定时间完成，订单无积压，必须保持较高的响应速度，整体服务能力利用率自然就不会太高。而是否可以在保持无订单积压的情况下提高服务能力利用率是值得探讨的问题。

5.3.2 供应链管理服务商订单及服务能力管理策略分析

假设在企业现有服务人数不变的情况下，企业接收到的订单平均达到率增大，那么订单的平均逗留时间以及服务强度会发生怎样的变化，为研究这个问题，我们对系统作出相应的改变。

假设服务人数保持初始服务人数不变，使用阶跃函数STEP使得订单增长率在time=10时阶跃幅度为1，并将目标延迟时间放宽至2天，方程式如下：

$$服务人数C_i = \text{INTEG}（延迟变化速率_i \times 0,初始服务人数C_{0i}） \quad (5.8)$$

$$订单增长速率_i = 0.02+\text{STEP}（1，10） \quad (5.9)$$

将测试函数模式下的运行结果文件名命名为“StepExperiment”，与初始模型运行结果“baserun”进行对比，得到如图5.15所示的趋势图。

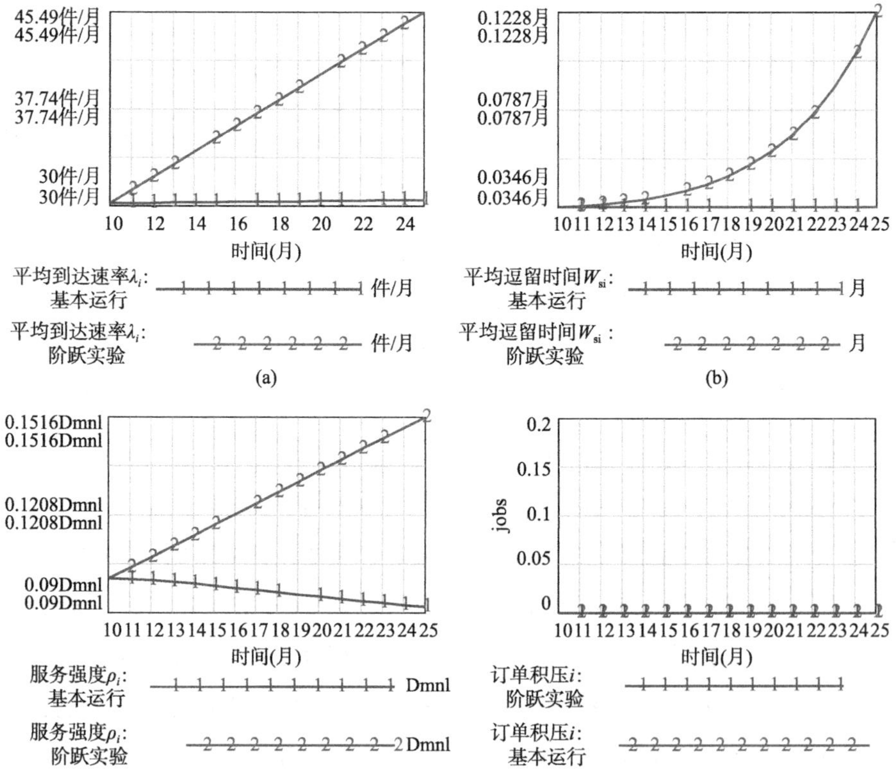

图5.15 阶跃函数测试结果

从图5.15（a）可知，在阶跃函数的作用下订单的平均到达速率λ_i呈现直线增长的趋势，最初为30，在第25个月达到了45，相对增长了50%；平均逗留时间W_{si}则以指数形式增长，并从最初的1天上升为3.5天，相对增长了250%，见图5.15（b），这已超出了企业可以承受的范围，即目标延迟时间2天；服务强度ρ_i同样是表现为线性增长，从最初的10%增长为15%，相对增长了50%，见图5.15（c）；但订单积压$_i$始终保持为零，说明这种情况下每个月接到的订单数还不足以出现现有服务能力的短缺。

	18	19	20	→ 21	22	23
“平均逗留时间W_{si}” Runs:	阶跃实验					
平均逗留时间W_{si}	0.0487	0.0534	0.0595	0.0672	0.0769	0.0890

	19	20	21	22	23	24
“平均到达速率λ_i” Runs:	阶跃实验					
平均到达速率λ_i	39.37	40.39	41.41	42.43	43.45	44.47

图5.16　增员的关键时间点

由此可见，若想将平均逗留时间W_{si}控制在2天以内，则订单的平均到达速率λ_i小于等于41个/月时（如图5.16所示，由W_{si}取2天即0.0667个月时对应的时间点time=21来确定该时间点相应的λ_i），还不需要增加服务人数，而当平均到达速率λ_i大于41个/月时，就需要增加服务人数，同时因为服务人员招聘、筛选、培训等存在时间延迟2个月，因此需要在第（21–2=19）19个月时就展开招聘活动。这就为企业根据其延迟目标及实际订单情况来确定增员的关键时间点。

供应链管理服务商除了要处理流经自身的订单信息，还负责协调管理整条供应链上的信息流通。煤炭库存管理的主体是各个阶段的煤炭库存所有者企业，他们各自拥有一套库存管理决策规则。与库存管理不同的是，煤炭服务供应链上各个阶段的企业虽然都有自己的信息库，但整个链条上的信息流动涉及多个链条上多类企业，信息种类多且信息量庞大，信息流通、协调与共享主要是依赖供应链管理服务商来完成的。为了保障供应链上信息流的全面集成和及时更新，维护稳定客户源，扩大企业自身品牌影响力，有实力的供应链管理服务商通常会搭建网络平台，比如国内的瑞茂通所成立的易煤网，就是立足于整条煤炭服务供应链，通过整合金融、监管、质检、港口堆存等微专业服务商，实现供应链各节点企业的高效无缝对接，除了实现煤炭买卖双方物流信息的可视化之外，还能为用户提供其对煤炭交易、物流仓储、支付、结算和融资等多方面的服务要求。

5.3.3 总延迟时间对港口服务能力的因果分解分析

系统是以秦皇岛港口为例进行相应的数据输入及参数设置的。秦皇岛港位于河北省东北部、渤海北岸，地处连接山西省大同和河北省秦皇岛的大秦线最东端，是连接中国“西煤东运”和“北煤南运”运输干线的主枢纽港。港口煤炭绝大部分产自内蒙古、山西及陕西，这些煤炭通过大秦线运输至港口，装船后由北向南运往中国东南沿海地区。秦皇岛港自然条件优越，拥有12.2km长的码头岸线，陆域面积11.3km^2，水域面积226.9km^2，分为东、西两大港区。秦皇岛港为天然深水港，不冻不淤，水域开阔且海底平坦，港口航道基本上不需要维护。秦皇岛港目前拥有23个煤炭泊位，煤炭卸车和装船平均额定速度为6000t/h，秦皇岛港为煤炭客户提供仓储服务，拥有堆存能力1027万吨的专业化煤炭堆场。2016年煤炭的吞吐量为1.77×10^8t，占总吞吐量的56.6%，2015年煤炭吞吐量为2.3×10^8t，占总吞吐量的62.25%。港口配套服务包括拖轮、理货、转运及船舶代理服务；增值服务主要包括拖驳、理货、配煤及保税仓库与出口监管仓库业务。[125]

对煤炭服务供应链管理的一个重要目的就是缩短延迟时间，减小煤炭用煤的交货提前期，加速供应链条上资金的周转速度。在我们所构建的系统动力学模型中，总延迟时间是由四个部分组成的：平均逗留时间（即i阶段的延迟时间）、延迟时间$_{(i+1,1)}$、延迟时间$_{(i+1,2)}$、延迟时间$_{i+2}$。调研发现，港口对煤炭的具体装船作业耗时较短（延迟时间$_{(i+1,1)}$），但在前期服务请求订单提交、处理和船舶调度上耗时较长，这就使得该阶段的耗时延迟时间$_{(i+1,2)}$是延迟时间$_{(i+1,1)}$的数倍。初始模型中由于假设港口建设时间很长，为10年，即能力调节时间为10年，导致服务能力几乎是没有变化的。我们先来探讨服务能力不变情况下，总延迟时间的影响因素作用程度。

通过查看总延迟时间的“Causes Strip”，可以得到上图各部分延迟时间的运行图。从图5.17（a）中曲线可以直观发现总延迟时间曲线受延迟时间$_{(i+1,2)}$和延迟时间$_{(i+1,1)}$影响最大，同样查看延迟时间$_{(i+1,2)}$的“Causes Strip”，发现其受服务强度$\rho_{(i+1)}$的波动影响较大，见图5.17（b），而服务强度$\rho_{(i+1)}$则受出港量$_{i+1}$的影响，见图5.17（c）。由此可见，总延迟时间受出港量$_{i+1}$影响最大，也就是说，在港口服务能力不变的情况下，供应链上煤炭交付的总延迟时间很大程度上是由出港量$_{i+1}$决定的，而出港量是受煤炭市场需求的宏观条件影响的，所以在服务能力不变时，供应链管理服务商为煤炭用户提供煤炭所需耗费的时间更多的是由人为不可控因素决定的。因此，在煤炭需求旺盛，港口繁忙时，供应链管理服务商可以为有快速供货需求的用户选择其他运输路线，避开港口排队过长的耗时。

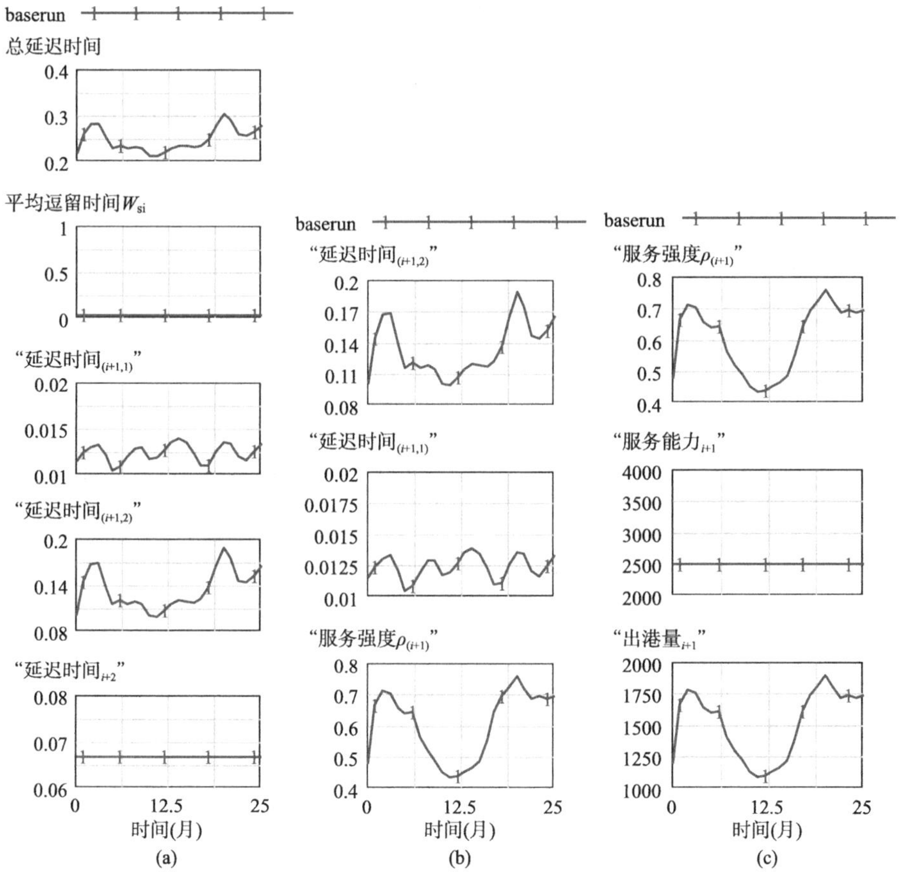

图5.17　总延迟时间的因果分解图（需要纵向观察）

5.3.4　总延迟时间对港口服务能力的敏感性分析

下面我们来分析当港口服务能力随着影响参数发生变化时所引起的总延迟时

间的变动情况。港口服务能力的大小直接影响到供应链中煤炭流通的总延迟时间，为观察 i+1 阶段子系统中的安全服务能力 $_{i+1}$、能力调节时间 $_{i+1}$、目标延迟时间 $_{i+1}$、初始服务能力 $_{i+1}$ 四个参数的变动通过服务能力间接引起总延迟实际的浮动情况，对这四个参数进行敏感性分析，设置其200次系统模拟的取值范围，具体如下：

$$安全服务能力_{i+1} = \text{RANDOM UNIFORM}（500,1500） \quad (5.10)$$

$$能力调节时间_{i+1} = \text{RANDOM UNIFORM}（60,180） \quad (5.11)$$

$$目标延迟时间_{i+1} = \text{RANDOM UNIFORM}（0.1667,0.5） \quad (5.12)$$

$$初始服务能力_{i+1} = \text{RANDOM UNIFORM}（2000,3000） \quad (5.13)$$

其中安全服务能力 $_{i+1}$ 的初始值为 10^7t/月，上下浮动50%；能力调节时间 $_{i+1}$ 的初始值为10年，即120个月，上下浮动50%；目标延迟时间 $_{i+1}$ 的初始值为10天，上下浮动50%；初始服务能力 $_{i+1}$ 的初始值为 2.5×10^7t/月，上下浮动20%。分别进行敏感性分析，得到如下所示的运行结果。

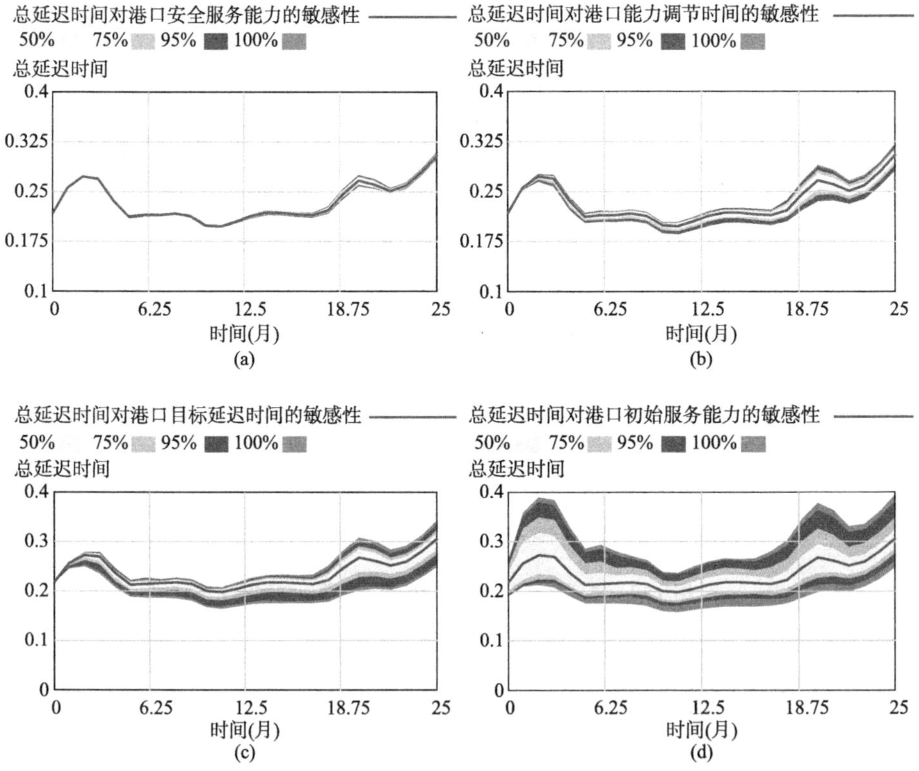

图5.18 总延迟时间对港口各参数的敏感性分析

从图5.18可以看到，总延迟时间对四个参数的敏感性大小排序为：安全服务能力$_{i+1}$<能力调节时间$_{i+1}$<目标延迟时间$_{i+1}$<初始服务能力$_{i+1}$，可见港口最初的设计服务能力非常重要，但其一经建成，数值上也就确定了。其次是目标延迟时间，目标延迟时间是港口期望的将待出库量全部完成装船作业所需的时间，港口会根据这个期望值和实际情况的偏差来调整服务能力。具体来说，一方面可以通过对港区的升级改造，加强港口服务系统自动化和一体化水平，增加翻车机、绞龙机、堆料机、取料机、装船机等数量，提高卸车和装船效率，进而提升港口吞吐能力；另一方面可以根据服务需求灵活调整港口开放泊位数及服务大厅窗口数、服务人员数来缩短实际延迟时间与目标延迟时间的差距。

5.4 资金流管理策略仿真研究

5.4.1 供应链管理服务商缺失下的模型改进

煤炭作为传统大宗商品，交易量大、交易过程长、交易金额大、加上整个煤炭贸易市场诚信体系的不完善，导致煤炭用户与煤炭供应商（不管是煤矿企业还是中间贸易商）在直接进行交易的传统供应链模式中，经常会出现资金流动不畅的问题，货款拖欠（资金延迟）等情况时有发生，给交易企业造成严重损失。尤其是在买方市场下，煤炭市场低迷，煤炭供大于求，煤炭供应商销路不畅，在与煤炭用户的交易中处于劣势，经常是煤炭供应商先行为煤炭用户发运煤炭，而煤炭用户则倾向于拖欠货款，煤炭供应商应收账款的累积使其日常生产运作缺乏流动资金，同时恶化的经营环境和日趋缩紧的金融政策造成行业融资难、融资成本高，部分煤炭企业运营压力巨大。

为了探究这种供应链模式下资金回笼不畅所引发的问题，我们只考虑煤炭用户和煤矿之间的直接交易，并加入煤矿对煤炭用户的应收账款，形成的流图如图5.19所示，图中红色部分是不同于初始模型新加入的量。

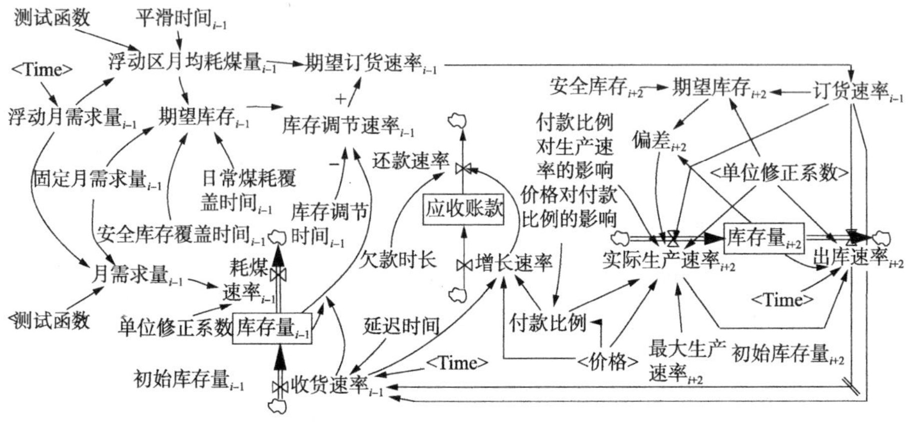

图5.19 资金流不畅的传统供应链模型

i-1阶段的煤炭用户所拖欠的煤矿的货款即应收账款，在系统中是一个可以积累的状态变量，由增长速率和还款速率决定。增长速率为用户每月新增加的对煤矿的欠款，且其受收货速率、价格和付款比例的影响。卖方市场下煤炭价格高，市场交易中卖方占据优势，电厂用户通常会“携款找煤”，此时应收账款的增长速率为零，即不会产生应收账款项；买方市场下煤炭价格走低，煤炭滞销，买方用户在交易中处于优势地位，会倾向于拖欠货款。还款速率是用户每月向煤矿支付的拖欠款金额，并假设初始应收账款为零，煤炭用户对每单订单的欠款会在2个月后偿还，因此有如下方程式：

应收账款 = INTEG（增长速率 – 还款速率，0） （5.14）

还款速率 = DELAY FIXED（增长速率，欠款时长，增长速率） （5.15）

增长速率 = 收货速率$_{i-1}$ × 价格 ×（1– 付款比例）× 10000 （5.16）

欠款时长 = 2 （5.17）

电厂用户向煤矿支付货款的比例受价格影响，并且两者的关系很难量化，适合使用表函数进行描述，总的趋势是价格越高付款比例越大，当价格大于等于500元/t时付款比例就为1。电厂的付款比例又会直接影响到煤矿的日常生产作业，付款比例越低，煤矿资金压力越大，其实际生产速率就越低，同样使用表函数进行描述。方程式为：

付款比例 = 价格对付款比例的影响（价格） （5.18）

价格对付款比例的影响（[（0,0）-（600,10）],（300,0）,（400,0.5）,（500,1）,（600,1））（5.19）

实际生产速率$_{i+2}$=(IF THEN ELSE（价格≥500，最大生产速率$_{i+2}$，MIN（最大生产速率$_{i+2}$，偏差$_{i+2}$/单位修正系数+订货速率$_{i+2}$）））×付款比例对生产速率的影响（付款比例） （5.20）

付款比例对生产速率的影响（[（0,0）-（1,1）],（0,0.3）,（0.5,0.7）,（1,1）） （5.21）

电厂用户收到的煤炭量是出库速率的延迟函数，延迟时间为一周，即0.25个月。当煤炭价格高于500元/t，煤矿会以最大的生产速率进行生产，能满足电厂所需的订单量，即从第14个月起，收货速率等于订货速率和出口速率的较小值；当煤炭价格低于500元/t，而电厂又有拖欠款时，电厂用户收货速率等于出库速率，方程式为：

收货速率$_{i-1}$=DELAY FIXED((IF THEN ELSE（Time≥14, MIN（订货速率$_{i-1}$，出库速率$_{i+2}$），出库速率$_{i+2}$）)，延迟时间，出库速率$_{i+2}$） （5.22）

延迟时间=0.25 （5.23）

通常电煤价格在0.1元/kcal时，电厂才能保证盈亏平衡，市场煤炭价格高于550元/t时，发电厂将普遍感受到较大的成本压力，在市场煤炭价格高于600元/t时，那么差不多所有电厂的生产经营会出现亏损。假设5500K的煤炭价格高于500元时因成本问题用户发电量会有所下降，月耗煤量下降幅度用测试函数——斜坡函数Ramp生产。假设开始变化时间为第12个月，结束时间为第15个月，降低量10，坡度为10/（15–12）=3.333，方程式书写如下：

测试函数=RAMP（{slope}，{start}，{finish}）= RAMP（–3.333，12，15） （5.24）

其他变量方程式及参数值都与初始系统相同，通过量纲一致性检验后运行系统，即可得到系统各变量模拟结果。

5.4.2 供应链管理服务商缺失下的模型仿真分析

因为还款速率是增长速率的管道延迟函数，所以图5.20呈现出的两者的曲线走势是完全一样的，只是存在相位上的延迟，延迟时间为2个月。而煤矿的应收账款曲线走势与煤炭价格曲线走势相反（图5.20中曲线3和曲线1），在time=12之前，煤炭价格一直低于435元/t（图5.20中曲线1），而应收账款却因为增长速率的高位而居高不下，之后随着煤炭价格的逐渐回暖，电厂逐渐偿付所欠款项，应收账款逐渐回落，直到最终降为近负1亿元，表示累积的欠款已逐步全部收回。

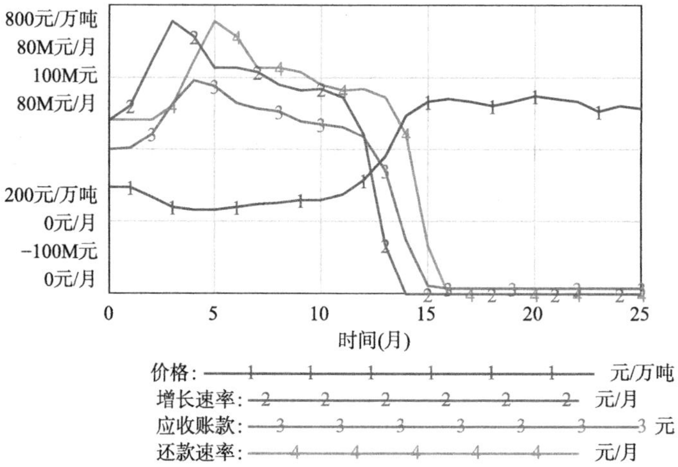

图5.20 煤矿应收账款等变量的变化趋势图

接下来随着价格的一路飙升，在time=12时达到至570元/t，并在后续时期内保持只升不降的态势，煤炭变得紧俏，煤矿在与用户的交易中逐步掌握主动权，自然应收账款不再增加。2017年6月25日，发改委在产能核增会议上就明确表示，要坚决抑制煤炭价格过快上涨，原则上动力煤成交价格不可超过570元/t的绿色区间上限[126]，在此显然已经高于警戒线，电厂燃煤压力可想而知。

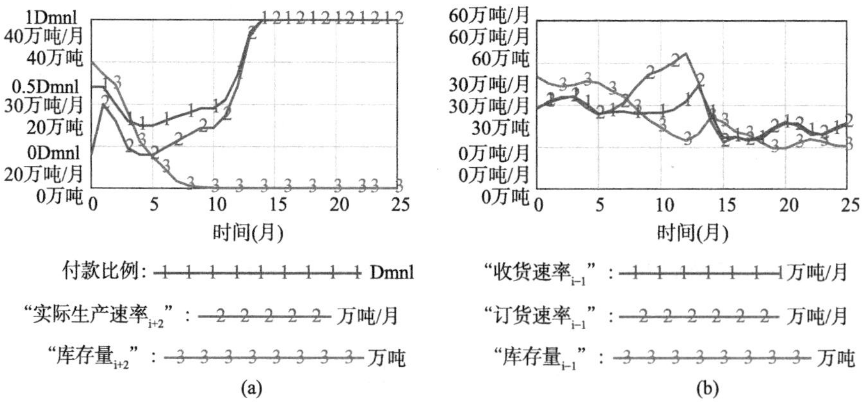

图5.21 电厂库存量等的变化趋势图

如图5.21（a）所示，运行前半时期，受煤炭价格低位、电厂拖欠款严重的双重挤压，煤矿入不敷出，亏损严重。为弥补日常固定支出，煤矿在毫无利润的情况下也只能加大生产，但因电厂拖欠货款导致煤矿无法正常生产，其实际生产速率会随着电厂付款比例同步波动［图5.21（a）中曲线1、2］。图5.21（b）中前5期的收货速率未受煤矿实际生产速率下降的影响，数量上仍与延迟后的订货速率相同［图5.21（b）中曲线1、2］，原因在于煤矿有部分初始库存量，可以弥补实际生产速率下降带来的差额。但随着煤矿库存量$_{i+2}$的消耗殆尽［如图5.21（a）中曲线3］，电厂收货速率$_{i-1}$会受煤矿实际生产率下降的影响而低于订货速率$_{i-1}$，而库存量$_{i-1}$与期望库存的偏差增大又使得订货速率$_{i-1}$更大，如此一来，在订货速率$_{i-1}$和收货速率$_{i-1}$反向变动的作用下，电厂库存告急，电厂正常运营受阻（根据建模开始的假设，电厂煤炭由该煤矿独家供应，即便是现实中买方市场下“货不愁买”，电厂寻求其他供应商也要耗费交易成本，对电厂造成不利影响，当然更现实的是煤矿会采取措施满足电厂订单需求）。

综上所述，电厂对煤矿的货款拖欠，造成供应链中由电厂至煤矿的资金流动受阻，煤矿生产运营压力过大，在不寻求外部资金救助的情况下产能下降，最终导致电厂与该煤矿的订单无法按合同量完成。在这种情况下为加大资金回笼速度，履行合同协议的煤炭订购量，煤矿有必要借助外部企业的资金帮助。

5.4.3 供应链管理服务商参与下的模型改进

在研究具备良好信用水平和资金实力的供应链管理服务商参与下，其对供应链资金流的管理是如何帮助煤矿规避电厂赊欠账款带来的不利影响的，我们需要对5.3.1.1节中构建的模型做进一步的调整。

在5.3.1章节中供应链系统的基础上，加入供应链管理服务商，其作用是在电厂拖欠煤矿货款，而煤矿为维持煤矿生产运营活动，希望能即刻得到回款的情况下，与电厂、煤矿双方签订转付款合同，前期由供应链管理服务商代替电厂向煤矿支付煤炭货款，但需要煤矿在与电厂协商的售价基础上给出少许的让利，之后再由电厂依据与煤矿签订合同的价格向供应链管理服务商支付赊欠的款项，得到如图5.22所示的系统流图。

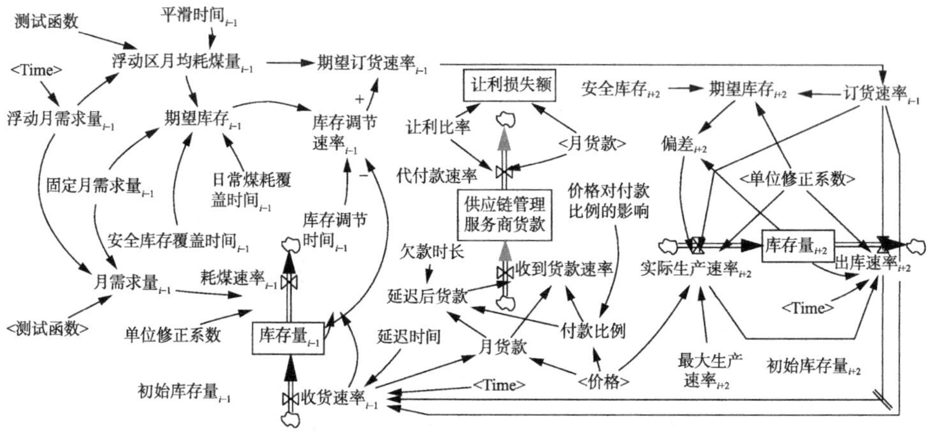

图5.22　供应链管理服务商参与下的供应链系统流图

系统中的变量供应链管理服务商货款是状态变量，假设初始值为零，是电厂每月向其偿还的货款（收到货款速率）以及每月其向煤矿垫付的货款（代付货款速率）之差的积分，单位是元，方程表达式为：

供应链管理服务商货款 = INTEG（收到货款速率 − 代付款速率，0）（5.25）

根据前面的假设，只有当煤炭价格低于500元/t时才会出现赊账，所以高于500元/t时供应链管理服务商每月收到的货款（月货款）为零，当其不为零时应该包含两部分，一部分是电厂当月支付的货款，由当月货款乘以付款比例得出。当月货款另一部分是两个月前（欠款时长为2个月）未支付而应本月支付的部分，通过对两个月前未支付的货款做管道延迟处理得出。方程表达式为：

收到货款速率 = 月货款 × 付款比例 + 延迟后货款　（5.26）

月货款 = IF THEN ELSE（价格 <500，收货速率$_{i-1}$ × 价格 × 10000，0）　（5.27）

延迟后货款 = DELAY FIXED（月货款 ×（1− 付款比例），欠款时长，月货款 ×（1− 付款比例））　（5.28）

供应链管理服务商每个月向煤矿代付的货款，数量上等于当月货款金额扣除煤矿向供应链管理服务商让利的部分，这部分即煤矿为了当月收回货款而相应损失的资金，也就是供应链管理服务商为煤矿和电厂提供服务获取的收益。方程式为：

代付款速率 = 月货款 ×（1− 让利比率）　（5.29）

让利损失额 = INTEG（月货款 × 让利比率，0）　（5.30）

5.4.4 供应链管理服务商缺失下的模型仿真分析

从图5.23中收到货款速率的曲线3可以看出，受部分货款延迟支付的影响，前半部分曲线随时间呈现上升的趋势。曲线1表示受供应链管理服务商定期为煤矿提供货款资金的影响，供应链管理服务商向煤矿支付的代付款速率随收货速率幅度，呈现较为规律的上下波动。两者的后半部分曲线都因为煤价上涨，电厂不再拖欠货款而逐渐降低为零。供应链管理服务商货款在输入流（收到货款速率）、输出流（代付款速率）的共同作用下，累积后形成“U”形曲线，后半部分也是因为煤价上涨不再存在赊欠，从而供应链管理服务商退出服务，供应链管理服务商货款保持恒定，不再发生变化。

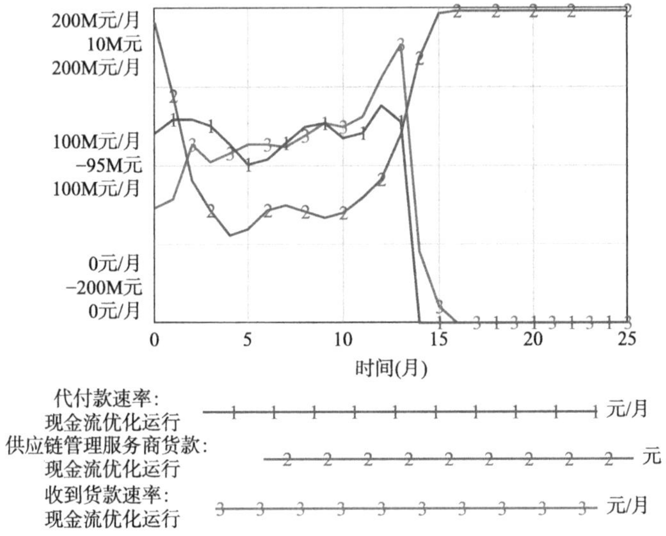

图5.23 供应链管理服务商货款出入情况

图5.24（a）是供应链管理服务商累积货款和煤矿因让利而损失的金额在相同坐标尺度下的图像，图5.24（b）是煤矿让利损失额放大后的图像。两者虽然累积的路径不同，但是最终殊途同归，都从起初的0元增长到最终的802.9万元，见图5.24（c）。

从图5.25（a）中的曲线1，即实际生产速率$_{i+2}$可以看出，在供应链管理服务商的资金支持下，煤矿可以按照其原定的生产策略进行生产，即在煤炭行情不好、价格不高时，按订单需求及库存调整进行生产；当煤炭价格高涨时，煤矿以最大产能进行生产。而且从图5.25（b）中的曲线1、2可以看出，煤矿始终都可以满足电厂用户的用煤需求量，电厂用户不用因煤矿不能按时交割煤炭而花费额外的成本寻求煤源。

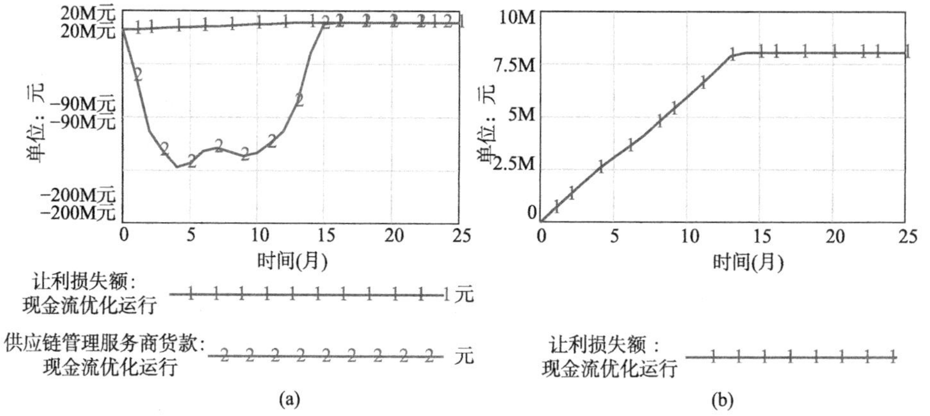

Time(Month)	13	14	15	16	17	18
Selected Variables Runs：	Cashflow-optimizedrun					
供应链管理服务商货款	−74.44M	−23.49M	6.477M	8.029M	8.029M	8.029M
让利损失额	7.869M	8.029M	8.029M	8.029M	8.029M	8.029M

(c)

图5.24 供应链管理服务商和煤矿的收益损失图

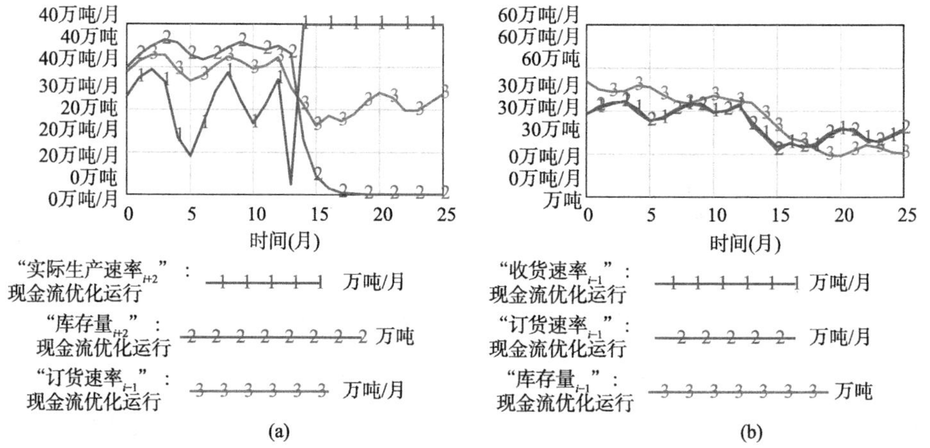

图5.25 煤矿库存量等的变化趋势图

由此可见，供应链管理服务商为煤矿提供资金服务，自身在承担一定风险的情况下从煤矿企业获取合理的收益，煤矿企业通过让出部分销售收入给供应链管理服务商来换取企业的正常生产运营，从而为煤炭用户保质保量提供所需的煤炭，整个供应链链条实现了物流、资金流的畅通，实现供应链上三个节点企业的互惠互利、长远稳定发展。

5.5 本章小结

本章首先依据调研访谈所得的数据确定变量间关系，对参数进行赋值，并对模型进行量纲一致性测试、灵敏度测试、极端条件测试。之后从物流、订单流、能力流、资金流四个方面，分别运用初始仿真结果分析了各自的运作机理，并使用敏感性分析、因果分解图、测试函数、模型改进等工具和方法进行煤炭服务供应链四大流的管理，对比不同策略条件下的运行结果，提出相应的管理建议。运行结果显示：

煤炭服务供应链上的库存同样存在放大、波动、相位滞后现象。该链条上的库存从所有权来看，存在普通的牛鞭效应，但从存储位置来看，与普通牛鞭效应不同，其呈现出“中高侧低”的现象。

煤矿生产策略的不同会对整个链条产生影响。当其采取“低价跟订单，高价拼产能”的生产策略时，供应链库存量波动大，易造成社会库存过剩；当其始终采取按订单量生产的策略时，有助于降低供应链上的库存量。

供应链管理服务商为保持高的订单响应速度，其服务能力利用率不高。通过模拟，可以算出在现有服务能力下，不超过最长订单逗留时间时所能处理的订单量，以及需要进行服务人员招聘的时间。

煤炭服务供应链上总延迟时间的最大影响因素是出港量$_{i+1}$，在服务能力不变时，供应链管理服务商为煤炭用户提供煤炭所需耗费的时间更多的是由人为不可控因素决定的。因此，在煤炭需求旺盛，港口繁忙时，供应链管理服务商可以为有快速供货需求的用户选择其他运输路线，避开港口排队过长的耗时。当服务能力可变时，总延迟时间对初始服务能力和目标延迟时间$_{i+1}$最为敏感，而初始服务能力在港口建成既已确定，需通过降低目标延迟时间$_{i+1}$来降低供应链总延迟时间。

相对于缺少供应链管理服务商的传统煤炭供应链，有供应链管理服务商参与的煤炭服务供应链上资金流动更为流畅，并能实现供应链管理服务商、煤炭用户及煤矿三方共赢。

6 煤炭服务供应链运作效率评价

本章主要是基于已经构建的煤炭服务供应链系统动力学模型，结合层次分析法和模糊综合评价法对其运作效率进行评价。第一节简述了评价的目标和原则；第二节结合煤炭服务供应链系统动力学模型选择评价指标，搭建指标体系；第三节首先用因子分析法对指标进行效度分析和信度检验，并用层次分析法确定各级指标权重，然后运用模糊综合评价法对案例煤炭服务供应链运作效率作出整体效率评价及物流、信息流、服务能力流、资金流的效率评价，并给出管理上的建议。

6.1 煤炭服务供应链运作效率评价目标和原则

6.1.1 评价目标

传统意义上的高效运作供应链一般是指在物流和劳动力上节约成本，加快资金和商品的周转率适应不断变化的市场，以更高的效率走完整条供应链，力图降低生产成本、提高产量[127]。煤炭服务供应链运作效率评价的不仅仅是各个节点企业的运营状况，更侧重整条供应链的运营状况。本书所研究的供应链运作效率是针对供应链管理服务商这一核心企业而言的，通过运作效率评价，发现目前煤炭服务供应链中存在的缺陷，并针对效率低下的部分提出改进措施，最终目的是在优化企业自身资源、能力的基础上，以最低的成本和最快的速度为煤炭用户提供定制化服务，提高顾客满意度，以及供应链整体运作效果和竞争优势，降低整个链条的成本。具体而言，可以分为总目标层和具体目标层两部分。

总目标层，该评价系统要能反映供应链运作效率、供应链管理服务商的服务水平、供应链柔性等方面的情况，借助对供应链运作效率的评价有利于深层次地有针对性地优化整体供应链组织结构，以供应链管理服务商为核心的企业团体创造更大经济效益。

具体目标层，为实现该供应链运作效率评价，首先应建立指标体系，选择适当的评价指标，然后通过构建评价模型计算煤炭服务供应链的效率及各环节的效率，对运作效率不高的环节提出相应改进措施，从而提升煤炭服务供应链运作效率并提高煤炭用户对服务的满意度。

6.1.2 评价原则

由于本书在前面的章节已经对煤炭服务供应链系统进行了子系统的划分以及关键变量的选取，接下来要在此基础上进行供应链运作效率评价。因此评价体系既要涵盖已有动力学系统中的必要变量，也要适当添加已有研究中被广泛认可的指标量，实现系统动力学与评价体系的有效契合。

6.2 煤炭服务供应链运作效率评价指标体系的构建

6.2.1 评价指标的选择

煤炭服务供应链管理涉及煤炭用户、供应链管理服务商、煤炭供应商、微专业服务供应商四大节点企业，物流、信息流、资金流、服务能力流、商流是四大节点企业之间的传递物（实体和非实体流动）。煤炭服务供应链运作效率评价指标体系就是在明确评价目标和原则的前提下，综合使用不同的评价方法构建效率评价指标体系，以此量化煤炭服务供应链的运作效率。在已构建的系统动力学模型系统的基础上，此供应链上的物流、信息流、资金流、服务能力流四大流作为一级指标，对每个一级指标流的考察都涉及煤炭用户、供应链管理服务商、煤炭供应商、微专业服务供应商四大节点企业，确定好指标之后再用选定的方法进行权重的确定，最后进行计算，评价结构图如图6.1所示。

结合已有供应链运作效率的研究，筛选四个方面所包含的详细指标[128-130]。在评价煤炭服务供应链的运作效率时，选取以下四类评价指标：第一类是库存周转率，是一定时期内企业销售成本与存货平均资金占用额的比率，直接反映煤炭服务供应链上实体流煤炭运作效率的评价指标，包括煤炭用户库存周转率即周转率$_{i-1}$、煤炭供应商库存周转率即周转率$_{i+2}$、微专业服务供应商库存周转率即周转率$_{i+3}$三项指标；第二类是反映煤炭服务供应链信息流通速度和失真程度的指标，包括供应链信息化水平、煤炭用户需求夸大率$_{i-1}$、供应链管理服务商信息延迟时

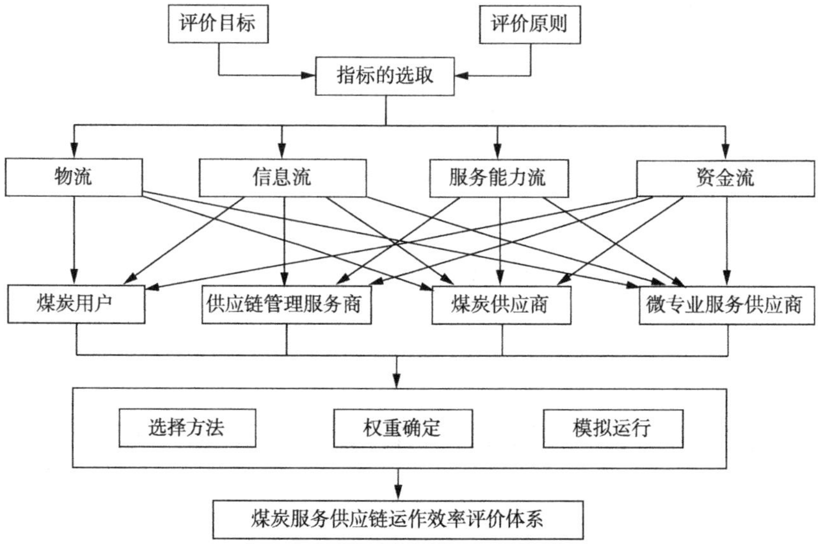

图6.1 煤炭服务供应链运作效率评价结构

间即平均逗留时间W_{si}、煤炭供应商发货延迟时间即延迟时间$_{i+2}$、微专业服务供应商煤炭中转延迟时间即延迟时间$_{i+1}$五项指标；第三类是反映煤炭服务供应链服务水平的评价指标，包括供应链管理服务商服务强度即服务强度ρ_i、微专业服务供应商服务强度即服务强度ρ（$_{i+1}$）、煤炭供应商发货比率、煤炭用户的满意度四项指标；第四类是反映煤炭服务供应链资金流通状况的评价指标，包括煤炭用户货款赊欠率$_{i-1}$、供应链管理服务商收到货款延迟时间即延迟时间$_{(i-1)\ \mathrm{to}\ i}$、供应链管理服务商向微专业服务供应商支付服务费延迟时间即延迟时间$_{i\ \mathrm{to}\ (i+1)}$、供应链管理服务商向煤炭供应商垫付货款延迟时间即延迟时间$_{i\ \mathrm{to}\ (i+2)}$四项指标。

第一类评价指标是从物流的角度出发对煤炭服务供应链的运作效率进行量化。供应链管理的目标之一是实现总库存成本最小化、整个供应链服务周期时间最短化，最大限度地缩短从用户发出订单需求到收到符合合同规定数量质量的煤炭的整个周期。供应链运作效率是体现供应链管理服务商服务能力的重点，一方面要实现供应链管理目标，另一方面，要在考虑到缺货风险的情况下，尽可能降低供应链库存，加速供应链各个阶段库存的周转率，使得供应链可以高速运作。

第二类评价指标评价的是煤炭服务供应链上信息流流通的效率和效果。从信息真实性方面考虑，供应链信息流通离不开各个节点企业对信息的公开与传递，虽然供应链上所有的企业是信息共享、风险共担、一损俱损一荣俱荣的战略性合作伙伴关系，但因部分信息涉密，且企业间相互博弈，会存在共享信息扭曲的可能，容易造成需求放大，信息流质量值得衡量。从信息传递和处理的效率来看，信息的延迟虽然是难以避免的，但供应链管理商要根据用户订单的要求控制好信息流的节奏，尽可能实现即满足用户要求，又不因需求过高的订单信息处理速度而浪费服务能力。

第三类评价指标反映了煤炭服务供应链的服务水平，煤炭服务供应链上除了最下游的煤炭用户，其他环节企业的最终目的都是为用户提供商品及服务。对其服务水平的评价不仅要从上游各个环节出发，而且要考虑到最终用户对所接收到的服务的满意度。

第四类评价指标目的在于反映煤炭服务供应链资金流稳定性、通畅性。煤炭服务供应链运作的最终目的是整个链条上企业的互利共赢，最终都需要体现到从下游至上游的资金流动上。链条上任意节点企业的资金终端都会对供应链上其他企业的正常运转造成不利的影响，对供应链稳定性和长远发展构成损害。

6.2.2 评价指标体系的设计

煤炭服务供应链评价指标体系是以提升供应链运作效率，同时最大程度满足煤炭用户多方位需求为宗旨，搭建可以综合评价供应链中物流、信息流、服务流、资金流的指标体系。

1）物流指标

煤炭服务供应链上除了供应链管理服务商，其他三个阶段的节点企业都是涉及库存管理作业的。库存周转率指的是单位时间内出库量与该段时期库存平均量的比值，反映了企业库存管理水平。周转率越高，库存流动性越强，企业将库存煤炭变现为现金流或者应收账款的能力越强，是从财务的角度来衡量供应链运作水平。如表6.1所示。

表6.1 煤炭服务供应链运作效率评价指标体系

一级指标	二级指标	单位
物流指标	周转率$_{i-1}$	次/月
	周转率$_{i+2}$	次/月
	周转率$_{i+1}$	次/月

续表

一级指标	二级指标	单位
信息流指标	信息化水平	dmnl
	需求夸大率$_{i-1}$	%
	平均逗留时间 W_{si}	Day
	延迟时间$_{i+2}$	Day
	延迟时间$_{i+1}$	Day
服务能力流指标	服务强度ρ_i	dmnl
	服务强度$\rho_{(i+1)}$	dmnl
	发货比率$_{i+2}$	dmnl
	满意度	%
资金流指标	货款赊欠率$_{i-1}$	dmnl
	延迟时间$_{(i-1)\ \mathrm{to}\ i}$	Month
	延迟时间$_{i\ \mathrm{to}\ (i+1)}$	Month
	延迟时间$_{i\ \mathrm{to}\ (i+2)}$	Month

2）信息流指标

供应链管理信息化要求将现代信息技术广泛地用于原材料及设备的采购、产品的生产、产品的存储、销售、运输等每个阶段，综合运用各节点企业内外部的人力、信息资源，并针对供应链特点构建与之相匹配的组织模式，提升供应链上各节点之间的信息流通效率，在改善管理者决策效率的同时增加供应链整体运作效益[131]。信息化水平的高低直接影响到供应链上信息流的流通效率。

需求夸大率$_{i-1}$指的是位于$i-1$阶段的煤炭用户因担心煤炭供应商供应不足影响生产，而夸大实际用煤需求的量占实际用煤需求量的比重，这会对订单信息流的真实性造成不利影响，所有其取值越小越好。

由于订单信息在i阶段、$i+1$阶段、$i+2$阶段存在处理上的延迟，所有这三个阶段的延迟时间应作为影响信息流流通效率的一方面原因进行考察。

3）服务能力流指标

煤炭服务供应链上为最终用户提供直接无形服务的是i阶段的供应链管理服务商，而为供应链管理服务商提供微专业化服务的是$i+1$阶段的微专业服务供应商，两个阶段的服务强度可以直接反映服务能力的富余情况，服务强度的值越小其富余的服务能力越强。

$i+2$阶段的发货率是指煤矿实际发货量占用户需求量的比例，是衡量煤矿为用户提供商品服务能力的主要指标。满意度是用户根据接收到的煤炭是否足量、是否按时交割而对供应链管理服务商提供的服务进行的度量。

4）资金流指标

货款赊欠率$_{i-1}$是$i-1$阶段的煤炭用户在收到煤炭后有意无意地拖欠货款支付的比例，而拖欠支付给i阶段供应链管理服务商货款的时间为延迟时间$_{(i-1)\text{ to } i}$，这两个指标过大都会引起供应链上游企业正常的资金运作。供应链管理服务商向上游微专业服务供应商支付服务费用的延迟时间$_{i\text{ to }(i+1)}$、向煤矿支付货款的延迟时间$_{i\text{ to }(i+2)}$的长短都会影响供应链资金流流动效率。

6.3 煤炭服务供应链运作效率评价模型的构建

6.3.1 评价方法的确定

供应链评价的方法通常包括：指标法、标杆法、模糊综合评价法、BP神经网络应用、层次分析法等评价方法，在对供应链进行效率评价时，即便存在评价侧重点上的差异，但我们常常采取与之相似的方法。对煤炭服务供应链运作效率的评价涉及四大节点企业、四个流，是多层次综合型评价，情况比较复杂，需要全面考虑各个节点企业的运作情况以及整个链条的协调情况，适合使用多指标法进行评价。综合已经构建的评价指标体系，在此选用层次分析法进行各个指标权重的确定。

本书结合层析分析法（AHP）、模糊综合评价方法以及煤炭服务供应链系统动力学模型运行结果构建供应链效率评价模型。AHP方法作为综合运用定量分析与定性分析的多目标决策分析方法，通常会将数学上的量化处理与个人的实际经验以及对目标问题的主观判断有效结合起来，进而实现对目标准则体系层次之间非序列关系的适当分析，以及对不同决策者所做出的判断进行比较分析与综合测度。

运用AHP方法进行特征向量和最大特征值的计算步骤如下：

（1）构造判断矩阵 $A=\left(\delta_{ij}\right)_{n\times n}$；

（2）首先按行把每个元素进行连乘之后开n次方，即可求出每行元素的几何平均值：

$$b_i=\left(\prod_{j=1}^{n}\delta_{ij}\right)^{\frac{1}{n}}(i=1,2,\cdots,n)$$

（3）将 $b_i(i=1,2,\cdots,n)$ 归一化，即可求出最大特征值相应的特征向量：

$$w_j=\frac{b_j}{\sum_{k=1}^{n}b_k}(j=1,2,\cdots,n)$$

（4）根据 $W=\left(w_1,w_2,\cdots,w_n\right)^T$，得到判断矩阵A的最大特征值满足：

$AW=\lambda_{\max}W$，即可得到以下式子：

$$\sum_{j=1}^{n}\delta_{ij}w_j=\lambda_{\max}w_j(j=1,2,\cdots,n)$$

（5）计算判断矩阵的最大特征值 $\lambda_{\max}$：

$$\lambda_{\max}=\frac{1}{n}\sum_{i=1}^{n}\frac{\sum_{j=1}^{n}\delta_{ij}w_j}{w_i}$$

（7）计算一致性指标：

$$CI=\frac{\lambda_{\max}-n}{n-1}$$

（8）判断矩阵的一致性准则为：

$$CR=\frac{CI}{RI}<0.10$$

其中RI为随机一致性指标均值，可通过查表得知，且以上计算过程可以借助matlab或者excel来实现。

6.3.2 探索性因子分析

通过对煤炭生产企业、煤炭用户以、煤炭供应链管理企业及高校专家进行调研访谈、发放调查问卷来获取评价指标数据，以此来对指标进行信度分析和效度检验。

1）物流指标

物流指标相关系数矩阵如表6.2所示。

表6.2 物流指标相关系数矩阵

1	0.973	0.859
0.973	1	0.954
0.859	0.954	1

表6.3 物流指标KMO和Bartlett的检验

KMO 和 Bartlett 的检验		
取样足够度的 Kaiser–Meyer–Olkin 度量		.912
	近似卡方	875.764
Bartlett 的球形度检验	Df	62
	Sig.	.000

如表6.3所示，由KMO样本测度和Bartlett's球体检验结果可知，结果显示KMO值为0.912，接近于1，说明共同因子对变量有较大的影响；Bartlett显著度P值为0，满足不超过0.001的要求，说明显著水平很高，综合两种检验结果说明这组指标非常适合做因子分析。

采用SPSS软件对调查问卷的结果进行信度检验，从而获取各层级测试题项的CITC值，以及删除该项后该维度分布量表的Cronbach's Alpha值，具体分析结果如表6.4所示。所有指标通过信度检验要求。

表6.4 物流指标信度Alpha值分析表

潜变量	基于标准化项的 Cronbach's Alpha	测量变量	CITC值	基于标准化项已删除的 Cronbach's Alpha值
物流指标	0.946	周转率$_{i-1}$	0.914	0.932
		周转率$_{i+2}$	0.915	0.868
		周转率$_{i+1}$	0.914	0.986

2）信息流指标

信息流指标相关系数矩阵如表6.5所示。

表6.5 信息流指标相关系数矩阵

1	0.935	0.836	0.976	0.716
0.935	1	0.594	0.867	0.881
0.836	0.594	1	0.911	0.228
0.976	0.867	0.911	1	0.559
0.716	0.881	0.228	0.559	1

如表6.6所示，由KMO样本测度和Bartlett's球体检验结果可知，结果显示KMO值为0.934，接近于1，说明共同因子对变量有较大的影响；Bartlett显著度*P*值为0，满足不超过0.001 的要求，说明显著水平很高，综合两种检验结果说明这组指标非常适合做因子分析。

表6.6 信息流指标KMO和Bartlett的检验

KMO 和 Bartlett 的检验		
取样足够度的 Kaiser-Meyer-Olkin 度量		0.934
Bartlett 的球形度检验	近似卡方	1001.734
	Df	58
	Sig.	0.000

采用SPSS软件对调查问卷的结果进行信度检验，从而获取各层级测试题项的CITC值，以及删除该项后该维度分布量表的Cronbach's Alpha值，具体分析结果如表6.7所示。所有指标通过信度检验要求。

表6.7 信息流指标信度Alpha值分析表

潜变量	基于标准化项的 Cronbach's Alpha	测量变量	CITC值	基于标准化项已删除的 Cronbach's Alpha值
信息流	0.899	信息化水平	0.974	0.87
		需求夸大率$_{i-1}$	0.969	0.821
		平均逗留时间	0.634	0.909
		延迟时间$_{i+1}$	0.869	0.849
		延迟时间$_{i+2}$	0.676	0.921

3）服务能力流指标

服务能力指标相关系数矩阵如表6.8所示。

表6.8　服务能力指标相关系数矩阵

1.000	0.999	0.984	0.957
0.999	1.000	0.983	0.947
0.984	0.983	1.000	0.982
0.957	0.947	0.982	1.000

如表6.9所示，由KMO样本测度和Bartlett's球体检验结果可知，结果显示KMO值为0.896，接近于1，说明共同因子对变量有较大的影响；Bartlett显著度P值为0，满足不超过0.001的要求，说明显著水平很高，综合两种检验结果说明这组指标非常适合做因子分析。

表6.9　服务能力指标KMO和Bartlett的检验

KMO 和 Bartlett 的检验		
取样足够度的 Kaiser-Meyer-Olkin 度量		0.896
Bartlett 的球形度检验	近似卡方	954.98
	Df	61
	Sig.	0.000

采用SPSS软件对调查问卷的结果进行信度检验，从而获取各层级测试题项的CITC值，以及删除该项后该维度分布量表的Cronbach's Alpha值，具体分析结果如表6.10所示。所有指标通过信度检验要求。

表6.10　服务能力指标信度Alpha值分析表

潜变量	基于标准化项的Cronbach's Alpha	测量变量	CITC值	基于标准化项已删除的Cronbach's Alph值
服务能力流	0.881	服务强度	0.941	0.867
		服务强度$_{i+1}$	0.950	0.876
		发货比率$_{i+2}$	0.939	0.889
		满意度	0.926	0.891

4）资金流指标

资金流指标相关系数矩阵如表6.11所示。

表6.11 资金流指标相关系数矩阵

1	0.438	0.866	0.935
0.438	1	0.765	0.665
0.866	0.765	1	0.986
0.935	0.665	0.986	1

如表6.12所示，由KMO样本测度和Bartlett's球体检验结果可知，结果显示KMO值为0.932，接近于1，说明共同因子对变量有较大的影响；Bartlett显著度*P*值为0，满足不超过0.001的要求，说明显著水平很高，综合两种检验结果说明这组指标非常适合做因子分析。

表6.12 资金流指标KMO和Bartlett的检验

KMO 和 Bartlett 的检验		
取样足够度的 Kaiser-Meyer-Olkin 度量		0.932
Bartlett 的球形度检验	近似卡方	874.33
	Df	59
	Sig.	0.000

采用SPSS软件对调查问卷的结果进行信度检验，从而获取各层级测试题项的CITC值，以及删除该项后该维度分布量表的Cronbach's Alpha值，具体分析结果如表6.13所示。所有指标通过信度检验要求。

6.13 资金流指标信度Alpha值分析表

潜变量	基于标准化项的 Cronbach's Alpha	测量变量	CITC值	基于标准化项已删除的 Cronbach's Alpha值
资金流	0.807	贷款赊欠率	0.805	0.769
		延迟时间$_i$	0.702	0.74
		延迟时间$_{i+1}$	0.972	0.798
		延迟时间$_{i+2}$	0.966	0.752

6.3.3 AHP评价模型的设计及计算

AHP法的主要思想是首先建立清晰的层次结构，利用AHP法将已搭建好的指标体系分成目标层、准则层与指标层三个层次，然后利用测度理论，进行因素间的两两比较，利用相对标度对因素进行量化分析，建立判断矩阵并求其比重，最后再求出方案的总和权重并进行排序。图6.2给出煤炭服务供应链运作效率评价的各层指标。

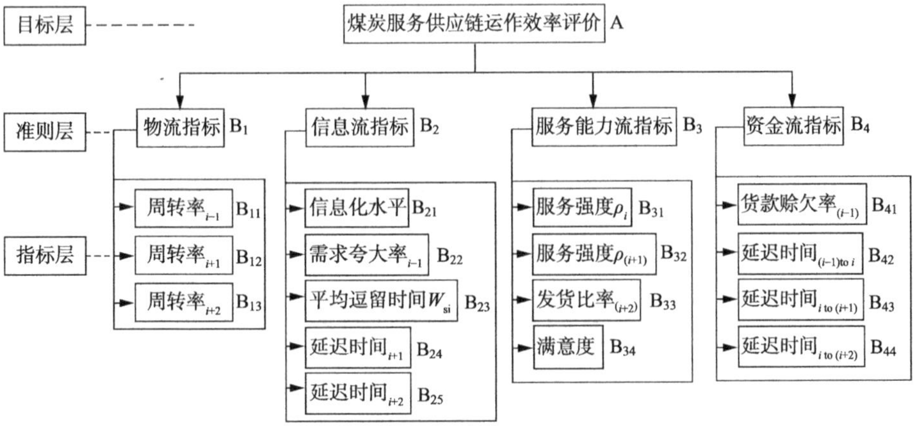

图6.2　煤炭服务供应链运作效率评价层次结构图

为得到客观准确的评价结果，由来自供应链四类节点企业的10位专家对图6.2中各个指标进行打分，取各自的平均值，以此求得以下各个判断矩阵，并依据层次分析法计算步骤得到相应的权重。

确定准则层指标权重

A–B判断矩阵表、B_1–B_{1i}判断矩阵表、B_2–B_{2i}判断矩阵表、B_3–B_{3i}判断矩阵表、B_4–B_{4i}判断矩阵表如表6.14~表6.18所示。

表6.14　A–B判断矩阵表

A	B_1	B_2	B_3	B_4
B_1	1	3	1/3	4
B_2	1/3	1	1/5	3
B_3	3	5	1	6
B_4	1/4	1/3	1/6	1

利用excel软件求出其特征值，$W=(w_1, w_2, w_3, w_4)=(0.2433,0.1237,0.5695,0.0635)^T$，最大特征根 $\lambda_{\max}=4.1023$，一致性指标 $CI=\frac{\lambda_{\max}-n}{n-1}=0.0341$，查表

得 $R=0.89$ ， $CR=\frac{CI}{RI}=0.0382<0.1$ ，该矩阵的一致性可以接受。

表6.15　B_1-B_{1i}判断矩阵表

B_1	B_{11}	B_{12}	B_{13}
B_{11}	1	5	5
B_{12}	1/5	1	2
B_{13}	1/5	1/2	1

利用excel软件求出其特征向量，W_1 = （w_1, w_2, w_3） = （0.7089,0.1786,0.1125）^{T}，最大特征根 λ_{max} = 3.0536，一致性指标 $CI=\frac{\lambda_{max}-n}{n-1}=0.0268$ ，查表得 $R=0.5200$ ，$CR=\frac{CI}{RI}=0.0516<0.1$ ，该矩阵的一致性可以接受。

表6.16　B_2-B_{2i}判断矩阵表

B_2	B_{21}	B_{22}	B_{23}	B_{24}	B_{25}
B_{21}	1	1/7	4	3	4
B_{22}	7	1	9	7	9
B_{23}	1/4	1/9	1	1/3	3
B_{24}	1/3	1/7	3	1	4
B_{25}	1/4	1/9	1/3	1/4	1

利用excel软件求出其特征向量，W_2 = （w_1，w_2，w_3，w_4，w_5） = （0.1751，0.6248，0.0582，0.1065，0.0354）^{T}，最大特征根 λ_{max} = 5.4417，一致性指标 $CI=\frac{\lambda_{max}-n}{n-1}$ = 0.1104，查表得 RI = 1.1200， $CR=\frac{CI}{RI}$ = 0.0986 <0.1，该矩阵的一致性可以接受。

表6.17　B_3-B_{3i}判断矩阵表

B_3	B_{31}	B_{32}	B_{33}	B_{34}
B_{31}	1	1/4	1/6	1/9
B_{32}	4	1	1/3	1/4
B_{33}	6	3	1	1/5
B_{34}	9	4	5	1

利用excel软件求出其特征向量，W_3 = （w_1，w_2，w_3，w_4） = （0.0430，0.1254，

0.2273，0.6043）^{T}，最大特征根 $\lambda_{max}=4.2563$，一致性指标 $CI=\frac{\lambda_{max}-n}{n-1}=0.0854$，查表得 $R=0.8900$，$CR=\frac{CI}{RI}=0.0960<0.1$，该矩阵的一致性可以接受。

表6.18　B_4-B_{4i}判断矩阵表

B_4	B_{41}	B_{42}	B_{43}	B_{44}
B_{41}	1	3	1/5	1/5
B_{42}	1/3	1	1/4	1/4
B_{43}	5	4	1	1
B_{44}	5	4	1	1

利用excel软件求出其特征向量，$W_4=(w_1, w_2, w_3, w_4)$ =（0.1132，0.0731，0.4068，0.4068）^{T}，最大特征根 $\lambda_{max}=4.2234$，一致性指标 $CI=\frac{\lambda_{max}-n}{n-1}=0.0745$，查表得 $R=0.8900$，$CR=\frac{CI}{RI}=0.0837<0.1$，该矩阵的一致性可以接受。

以上计算得到了各个一级指标及二级指标的AHP指标权重，将二级指标AHP权重乘以其所属一级指标AHP权重，即可得到相应的综合权重，各指标权重值如表6.19所示。

表6.19　煤炭服务供应链运作效率评价指标权重

一级指标	二级指标	AHP指标权重	AHP综合权重
物流指标（0.2433）	周转率$_{i-1}$	0.7089	0.1725
	周转率$_{i+2}$	0.1786	0.0435
	周转率$_{i+1}$	0.1125	0.0274
信息流指标（0.1237）	信息化水平	0.1751	0.0217
	需求夸大率$_{i-1}$	0.6248	0.0773
	平均逗留时间W_{si}	0.0582	0.0072
	延迟时间$_{i+2}$	0.1065	0.0132
	延迟时间$_{i+1}$	0.0354	0.0044
	服务强度ρ_i	0.0430	0.0245
服务能力流指标（0.5695）	服务强度$\rho_{(i+1)}$	0.1254	0.0714
	发货比率$_{(i+2)}$	0.2273	0.1294
	满意度	0.6043	0.3442

续表

一级指标	二级指标	AHP指标权重	AHP综合权重
资金流指标（0.0635）	货款赊欠率$_{(i-1)}$	0.1132	0.0072
	延迟时间$_{(i-1)\ \mathrm{to}\ i}$	0.0731	0.00466
	延迟时间$_{i\ \mathrm{to}\ (i+1)}$	0.4068	0.0258
	延迟时间$_{i\ \mathrm{to}\ (i+2)}$	0.4068	0.0258

6.3.4 模糊综合评价数学模型的构建

模糊综合评价法是借助于模糊数学的隶属度理论从而将不易量化的定性评价转化为定量评价，可以实现对受多因素影响制约的事物或者对象作出全面的评价。根据两级的模糊综合评价模型的构建步骤[132]，要实现对煤炭服务供应链运作效率的评价，首先确定评价对象的因素集，由表6.20所列的评价指标可知一级评价指标 $U=\{U_1,U_2,U_3,U_4\}$={物流，信息流，服务能力流，资金流}，二级评价指标 $U_i=\{U_{i1}，U_{i2},\cdots\cdots U_{in}\}$，$n$为各个一级评价指标$U_i$所包含的二级指标个数。

其次，确定评价对象的评语集u，评价系统中所有的评价指标都需要用评语等级刻画其评价结果，通常划分为3~5个等级，在此将文章的评语集确定为u={很好，好，一般，差，很差}。其中，当评价值≥95时，供应链运作效率为“很好”；当85≤评价值≤95时，表示供应链运作效率在“好”和“很好”之间；当75≤评价值≤85时，表示供应链运作效率在“一般”和“好”之间；当65≤评价值≤75时，表示供应链运作效率在“差”和“一般”之间；当评价值≤55时，表示供应链运作效率很差。根据前期对供应链节点企业运作实际情况的调研、访谈及已构建的系统动力学模型运行结果的均值，获得煤炭服务供应链运作效率评价所涉及的指标的实际值，并再次邀请10位专家或者有丰富工作经验的职员对应评语集u={很好，好，一般，差，很差}对各个指标值进行打分，得到的评分结果如表6.21所示。

表6.20 煤炭服务供应链运作效率评价指标取值汇总

一级指标	二级指标	单位	指标值	数据来源
物流指标	周转率 $_{i-1}$	次/月	4	调研访谈
	周转率 $_{i+2}$	次/月	5	调研访谈
	周转率 $_{i+1}$	次/月	2	调研访谈
信息流指标	信息化水平	Dmnl	80	调研访谈
	需求夸大率 $_{i-1}$	%	10	调研访谈
	平均逗留时间 W_{si}	Day	1	SD模型
	延迟时间 $_{i+2}$	Day	2	SD模型
	延迟时间 $_{i+1}$	Day	4.4	SD模型
服务能力流指标	服务强度 ρ_i	Dmnl	0.1	SD模型
	服务强度 ρ（i+1）	Dmnl	0.6	SD模型
	发货比率 i+2	Dmnl	1	SD模型
	满意度	%	90	调研访谈
资金流指标	货款赊欠率 i–1	Dmnl	0.45	调研访谈
	延迟时间 $_{(i-1)\ \mathrm{to}\ i}$	Month	2	调研访谈
	延迟时间 $_{i\ \mathrm{to}\ (i+1)}$	Month	0.5	调研访谈
	延迟时间 $_{i\ \mathrm{to}\ (i+2)}$	Month	0.2	调研访谈

表6.21 煤炭服务供应链运作效率评价指标评分结果

准则层（一级指标）	指标层（二级指标）	评分结果				
		95	85	75	65	55
物流指标	周转率 $_{i-1}$	0	4	5	1	0
	周转率 $_{i+2}$	0	5	5	0	0
	周转率 $_{i+1}$	0	3	5	2	0
信息流指标	信息化水平	0	4	4	2	0
	需求夸大率 $_{i-1}$	0	0	6	3	1
	平均逗留时间 W_{si}	1	5	4	0	0
	延迟时间 $_{i+2}$	1	5	4	0	0
	延迟时间 $_{i+1}$	0	5	4	1	0

续表

准则层（一级指标）	指标层（二级指标）	评分结果				
		95	85	75	65	55
服务能力流指标	服务强度ρ_i	0	4	5	1	0
	服务强度$\rho_{(i+1)}$	0	4	4	2	0
	发货比率$_{i+2}$	10	0	0	0	0
	满意度	7	3	0	0	0
资金流指标	货款赊欠率$_{i-1}$	0	3	5	2	0
	延迟时间$_{(i-1)\ \mathrm{to}\ i}$	2	3	5	0	0
	延迟时间$_{i\ \mathrm{to}(i+1)}$	1	4	4	1	0
	延迟时间$_{i\ \mathrm{to}(i+2)}$	3	4	3	0	0

一级评判向量，由表6.21可知，标层各指标组成的模糊判断矩阵R_1、R_2、R_3分别为：

$$R_1=\begin{bmatrix}0&0.4&0.5&0.1&0\\0&0.5&0.5&0&0\\0&0.3&0.5&0.2&0\end{bmatrix},\quad R_2=\begin{bmatrix}0&0.4&0.4&0.2&0\\0&0&0.6&0.3&0.1\\0.1&0.5&0.4&0&0\\0.1&0.5&0.4&0&0\\0&0.5&0.4&0.1&0\end{bmatrix}$$

$$R_3=\begin{bmatrix}0&0.4&0.5&0.1&0\\0&0.4&0.4&0.2&0\\1&0&0&0&0\\0.7&0.3&0&0&0\end{bmatrix},\quad R_4=\begin{bmatrix}0&0.3&0.5&0.2&0\\0.2&0.3&0.5&0&0\\0.1&0.4&0.4&0.1&0\\0.3&0.4&0.3&0&0\end{bmatrix}$$

（1）计算准则层各个指标的模糊评集D_s：

$D_1=W_1^T\times R_1=$（0.7089，0.1786，0.1125）$\times R_1=$（0，0.4066，0.5，0.0934，0）

$D_2=W_2^T\times R_2=$（0.1751，0.6248，0.0582，0.1065，0.0354）$\times R_2=$（0.0165，0.1701，0.5250，0.2260，0.0625）

$D_3=W_3^T\times R_3=$（0.0430，0.1254，0.2273，0.6043）$\times R_3=$（0.6503，0.2487，0.0717，0.0294，0）

$D_4=W_4^T\times R_4=$（0.1132，0.0731，0.4068，0.4068）$\times R_4=$（0.1774，0.3813，0.3780，0.0633，0）

（2）目标层的模糊综合评价矩阵记为$D_{总}$，已知AHP法计算出的目标层权重

$W=(0.2433,0.1237,0.5695,0.0635)^T$，则模糊综合判断矩阵为：

$$D_{总}=W^T\times\begin{bmatrix}0 & 0.4066 & 0.5 & 0.0934 & 0\\0.0165 & 0.1701 & 0.525 & 0.226 & 0.0625\\0.6503 & 0.2487 & 0.0717 & 0.0294 & 0\\0.1774 & 0.3813 & 0.3780 & 0.0633 & 0\end{bmatrix}$$

$$=(0.3837,0.1234,0.2514,0.0714,0.0077)$$

综合评价值为：

$$D_{总}=W_{总}\times u$$

$$=(0.3837,0.1234,0.2514,0.0714,0.0077)\times(95,85,75,65,55)^T$$

$$=84.66$$

其中，$u=(95,85,75,65,55)^T=$（很好，好，一般，差，很差）^{T}为评语集加权系数。因此，计算得到案例煤炭服务供应链运作效率评价的综合评价值为84.77分，该值介于75~85之间，隶属于一般和好之间，并且接近于好，说明该煤炭服务供应链处于中等偏上的水平。

同样，用$D_s\times u$即可求出各个准则层的评价值，得出物流指标评价值为78.13，信息流指标评价值为73.52，服务能力流指标评价值为90.2，资金流指标评价值为81.73。

6.4 评价结果分析

从以上评价体系的评价结果得知，此煤炭服务供应链运作效率整体上在中等偏上的水平，服务能力流评价值在好和很好之间，可见服务能力流整体表现最佳，而物流、信息流方面处于中等偏下的水平，资金流评价值也低于综合评价值，这三个方面应该作为提高煤炭服务供应链运作效率的主攻方向。

物流方面的指标主要由库存周转率进行衡量，从其评价结果可知该煤炭服务供应链的库存周转率并不理想，供应链上各节点企业需要加强库存管理，加速供应链上的价值流动。信息流管理方面，应在缩短在途延迟时间的同时，全面提高供应链信息化水平，完善供应链煤炭物流信息的实时跟踪，及时有效更新各节点企业动态信息，实现信息流的无障碍快速、准确流通。处于核心位置的供应链管理服务商应加强对资金流的管理，在提高其对微专业服务供应商的服务费用支付速率的同时，加大对链条上有资金周转困难的企业的协助力度，提高供应链资金流通性能。

6.5 本章小结

本章根据调研访谈及已构建的系统动力学模型选择评价指标，构建了煤炭服务供应链运作效率评价指标体系，运用因子分析法对指标进行了效度分析和信度检验，并在运用AHP法求出各级指标权重的基础上，通过模糊综合评价法计算得出各级指标评价值，得出案例煤炭服务供应链运作效率的综合评价值为84.77分，物流指标评价值为78.13分，信息流指标评价值为73.52分，服务能力流指标评价值为90.2分，资金流指标评价值为81.73分，指出该煤炭服务供应链需要重点对物流、信息流以及资金流加强管理。

7 结论与展望

7.1 主要结论

本书将煤炭供应链分为煤炭生产过程中以煤炭生产企业为核心的煤炭制造供应链和后期流通领域中以服务企业为核心、集成各类微专业服务商来为煤炭用户提供商品服务集的煤炭服务供应链，并在此基础上对煤炭服务供应链进行了清晰的界定，构建了它的结构模式，提出其五大特征，并运用自组织理论分析了其构建及运作机理。之后运用系统动力学方法构建了煤炭服务供应链系统动力学模型，并从物质流、订单流、服务流、资金流四个方面对所构建的模型进行仿真分析及管理优化研究，得出以下结论：

煤炭服务供应链上的库存存在放大、振荡、相位滞后现象。其库存波动主要受煤炭价格、煤矿生产策略及用户采购策略的影响，与常见的牛鞭效应不同，从存储地理位置、所有权两个角度分析具备不同的特征。煤炭用户库存量与耗煤速率波动曲线呈现“倒影”特征，实际订货速率与收货速率波动曲线受延迟作用表现出明显的相位滞后。通过敏感性分析得出，煤炭用户适当缩短安全库存覆盖时间、延长库存调节时间可以有效降低库存量。

供应链管理服务商需要控制整个服务流程花费的时间在用户接受的范围内，为保持对订单的响应速度，其服务能力利用率不高，空闲概率较大，以此来实现订单处理耗费时间与目标延迟时间保持较小差距。通过仿真模拟为企业找到根据其延迟目标及实际订单情况来确定增员的关键时间点。

对微专业服务供应商港口的服务能力是否可变两种情况进行探讨，提出服务能力不变时，该阶段的延迟时间不容易通过人为力量进行快速有效改变，供应链管理服务商应该在港口繁忙期为交货周期短的订单选择更快捷的运输路线。服务能力可变时，港口可以通过提高服务系统自动化和一体化水平，灵活调整港口开放泊位数及服务大厅窗口数、服务人员数来缩短实际延迟时间与目标延迟时间的差距。

针对供应链时常出现的货款赊欠，通过分别模拟供应链管理服务商参与和不参与两种情境，得出供应链管理服务商参与下能帮助煤矿实现资金快速回笼，煤炭用户可以如期收到合同订单煤量，供应链管理服务商也能获取适当的服务收益，有助于供应链资金流动畅通。

结合已构建的系统动力学模型中的关键变量，构建煤炭服务供应链运作效率评价指标体系，并综合运用因子分析法、层次分析法、模糊综合评价法对案例煤炭服务供应链进行评价，得出案例煤炭服务供应链运作效率的综合评价值为84.77分，物流指标评价值为78.13，信息流指标评价值为73.52，服务能力流指标评价值为90.2，资金流指标评价值为81.73，说明整体上该供应链运作效率处于中等偏上水平，但物流、信息流以及资金流评价结果值较低，需要重点加强优化管理。

7.2 创新点

本书的创新点如下：

构建并剖析了煤炭服务供应链运作模式。在分析煤炭服务供应链管理现状的基础上，运用服务主导逻辑理论和供应链管理理论界定了不同规模与功能分类下的煤炭服务供应链，提出了有别于传统的包含煤炭用户、供应链管理服务商、煤炭供应商、微专业服务供应商四大节点企业的煤炭服务供应链结构模式，剖析了其五大特征，并运用自组织理论探究了其构建及运作机理，为建立煤炭服务供应链系统动力学模型奠定了基础。

构建了煤炭服务供应链系统动力学模型。通过分析煤炭服务供应链运作机理，结合多服务台排队模型构建了包含煤炭用户子系统、供应链管理服务商子系统、煤炭供应商子系统、微专业服务供应商子系统的系统动力学模型，用状态变量函数来解决级数函数求和的问题，并以物流、信息流、服务能力流、资金流为切入点，综合运用敏感性分析、因果分解图、测试函数、模型改进等工具和方法，通过Vensim软件对研究案例进行了库存管理策略、订单与服务能力管理、资金流管理的仿真分析，并提出管理建议。

构建了基于层次分析法和模糊综合评价法的煤炭服务供应链运作效率评价指标体系。首先，基于已搭建的系统动力学模型从物流、信息流、服务能力流和资金流四个方面构建了煤炭服务供应链运作效率评价指标体系；其次，根据调研访谈获取的数据以及已构建的系统动力学案例模型的运行结果实现了该案例煤炭服务供应链运作效率评价模型的应用。

7.3 研究的不足与展望

煤炭服务供应链中涉及多个微专业服务供应商，但考虑到过多的微专业服务供应商会导致系统动力学模型过于庞大，会影响系统的简洁敏捷性，所以本书在构建煤炭服务供应链系统动力学模型之前对其进行了简化，仅考虑了具有存储、转运功能的港口服务商，后续可以根据研究问题的需要适当加入其他微专业服务供应商。此外，煤炭服务供应链运作效率评价指标的选择不够全面，有一定局限性，未来还需要加以完善。

附录A

煤炭服务供应链系统动力学初始模型中的方程式如下：

人均服务效率μ_i=30

Units: jobs/Month

价格 = WITH LOOKUP（Time,（[（0,300）-（26,700）],（1,420）,（2,400）,（3,380）,（4,375）,（5,375）,（6,380）,（7,385）,（8,390）,（9,395）,（10,395）,（11,405）,（12,435）,（13,485）,（14,570）,（15,600）,（16,605）,（17,600）,（18,590）,（19,600）,（20,610）,（21,605）,（22,600）,（23,t580）,（24,590）,（25,585）））

Units: Yuan

偏差$_i$=（平均逗留时间W_{si}-目标延迟时间$_i$）/ 目标延迟时间$_i$

Units: Dmnl

"偏差$_{i+2}$" = "期望库存$_{i+2}$" - "库存量$_{i+2}$"

Units: ttons

偏差对变化率的影响$_i$（[（-2,-2）-（20,5）],（-0.5,-0.05）,（0,0）,（0.5,0.1）,（1,0.1）,（2,0.12）,（2.5,0.15）,（3,0.3）,（5,0.6）,（6,1）,（7,1.5）,（9,2.3））

Units: 1/Month

"入港量$_{i+1}$" = "在途量$_{i+2}$" + "其他入港量$_{i+1}$"

Units: ttons/Month

全员平均服务率速$_i$=IF THEN ELSE（待处理订单n_i≥服务人数C_i× 单位修正系数$_{i2}$,服务能力$_i$,待处理订单n_i× 人均服务效率μ_i/单位修正系数$_{i2}$）

Units: jobs/Month

"其他入港量$_{i+1}$" = WITH LOOKUP（Time,（[（0,0）-（30,3000）],（1,1882）,（2,1727）,（3,1728）,（4,1377）,（5,1530）,（6,1354）,（7,1101）,（8,1356）,（9,1096）,（10,1077）,（11,931）,（12,1065）,（13,1078）,（14,1166）,（15,1393）,（16,1770）,（17,1893）,（18,1749）,（19,1696）,（20,1931）,（21,1537）,（22,1845）,（23,1649）,（24,1700）,（25,1766）））

Units: ttons/Month

"出库速率$_{i+2}$" =IF THEN ELSE（价格≥ 500, "实际生产速率$_{i+2}$" + "库存量$_{i+2}$" / 单位修正系数, MIN（"库存量$_{i+2}$" / 单位修正系数+ "实际生产速率$_{i+2}$", "订货速率$_{i+2}$"））

Units: ttons/Month

"出港量$_{i+1}$" =MIN（"待出库量$_{i+1}$" / 单位修正系数, "服务能力$_{i+1}$"）

Units: ttons/Month

"初始库存量$_{i+1}$" =650

Units: ttons

"初始库存量$_{i+2}$" =30

Units: ttons

"初始库存量$_{i-1}$" =40

Units: ttons

初始服务人数C_{0i}=10

Units: dmnl

"初始服务能力$_{i+1}$" =2500

Units: ttons/Month

初始订单积压$_i$=0

Units: jobs

单位修正系数$_{i1}$=1

Units: Month

单位修正系数$_{i2}$=1

Units: jobs/Month

单位修正系数$_{i3}$=1

Units: person/Month

变化速率$_i$=偏差对变化率的影响$_i$（偏差$_i$）× 服务人数C_i

Units: 1/Month

"固定月需求量$_{i-1}$" =24

Units: ttons/Month

"在途订单量$_{i+1}$" = DELAY FIXED（"在途订单量$_{i+2}$"，"延迟时间$_{(i+1,3)}$" + "延迟时间$_{(i+1,2)}$" + "延迟时间$_{(i+1,1)}$"，"在途订单量$_{i+2}$"）

Units: ttons/Month

"在途订单量$_{i+2}$" =DELAY FIXED（"订货速率$_{i+2}$"，"延迟时间$_{i+2}$"，"订货速率$_{i+2}$"）

Units: ttons/Month

"在途量$_{i+2}$" = DELAY FIXED（"出库速率$_{i+2}$"，"延迟时间$_{i+2}$"，"出库速率$_{i+2}$"）

Units: ttons/Month

"安全库存$_{i+2}$" =4

Units: ttons

"安全库存覆盖时间$_{i-1}$" =0.66667

Units: Month

"安全服务能力$_{i+1}$" =0

Units: ttons/Month

"实际生产速率$_{i+2}$" =IF THEN ELSE（价格≥500, "最大生产速率$_{i+2}$" ,MIN（"最大生产速率$_{i+2}$"，"偏差$_{i+2}$" / 单位修正系数 + "订货速率$_{i+2}$"））

Units: ttons/Month

"实际订货速率$_{i-1}$" =IF THEN ELSE [（"期望订货速率$_{i-1}$" >0），"期望订货速率$_{i-1}$"，0]

Units: ttons/Month

平均到达速率λ_i= INTEG [IF THEN ELSE（满意度=1, 订单增长速率$_i$, 订单损失速率$_i$）,30]

Units: jobs/Month

平均排队长L_{qi}= [（服务人数C_i × 服务强度ρ_i）^服务人数C_i] × 服务强度ρ_i × 空闲概

率P_{0i}/［EXP（GAMMA LN（+1）］×［（1−服务强度ρ_i）^2］

Units:Dmnl

平均逗留时间W_{si}=（平均排队长L_{qi}+平均到达速率λ_i/人均服务效率μ_i/单位修正系数$_{i3}$）/平均到达速率λ_i

Units: Month/jobs

“平滑时间$_{i-1}$”=2

Units: Month

“库存调节时间$_{i-1}$”=1

Units: Month

“库存调节速率$_{i-1}$”=（“期望库存$_{i-1}$”−“库存量$_{i-1}$”）/“库存调节时间$_{i-1}$”

Units: ttons/Month

“库存量$_{i-1}$”= INTEG（“收货速率$_{i-1}$”−“耗煤速率$_{i-1}$”，“初始库存量$_{i-1}$”）

Units: ttons

“库存量$_{i+1}$”= INTEG（“入港量$_{i+1}$”−“待出港量$_{i+1}$”，“初始库存量$_{i+1}$”）

Units: ttons

“库存量$_{i+2}$”= INTEG（“实际生产速率$_{i+2}$”−“出库速率$_{i+2}$”，“初始库存量$_{i+2}$”）

Units: ttons

延迟变化时间$_i$=2

Units: Month

延迟变化速率$_i$=DELAY1（IF THEN ELSE（Time<初始服务人数C_{0i}/单位修正系数$_{i3}$，0，变化速率$_i$），延迟变化时间$_i$）

Units: 1/Month

“延迟时间$_{(i+1,1)}$”=“待出库量$_{i+1}$”/“服务能力$_{i+1}$”×（“在途订单量$_{i+2}$”×单位修正系数/“待出库量$_{i+1}$”）

Units: Month

“延迟时间$_{(i+1,2)}$”=服务强度对延迟时间的影响（“服务强度$\rho_{(i+1)}$”）×“延迟时间$_{(i+1,1)}$”

Units: Month

“延迟时间$_{(i+1,3)}$”=2/30

Units: Month

“延迟时间$_{i+2}$”=2/30

Units: Month

“待出库量$_{i+1}$”= INTEG（“待出港量$_{i+1}$”−“出港量$_{i+1}$”，1200）

Units: ttons

“待出港量$_{i+1}$”= WITH LOOKUP（Time,（［（0,0）−（30,4000）］，（1,1909），（2,1786），（3,1728），（4,1436），（5,1724），（6,1515），（7,1119），（8,1352），（9,1058），（10,1102），（11,1037），（12,1157），（13,1140），（14,1207），（15,1274），（16,1659），（17,1792），（18,1811），（19,1905），（20,1987），（21,1530），（22,1809），（23,1699），（24,1701），（25,1798）））

Units: ttons/Month

待处理订单n_i=新订单速率$_i$+订单积压$_i$/单位修正系数

Units: jobs/Month

总库存量 = “库存量$_{i-1}$” + “库存量$_{i+1}$” + “库存量$_{i+2}$”

Units: ttons

总延迟时间 = 平均逗留时间 W_{si} + “延迟时间$_{(i+1,2)}$” + “延迟时间$_{i+2}$” + “延迟时间$_{(i+1,1)}$”

Units: Month

“收货速率$_{i-1}$” = “在途订单量$_{i+1}$”

Units: ttons/Month

新订单速率$_i$=INTEGER（“订单数$_{(i-1,1)}$” + “订单量$_{(i-1,2)}$”）

Units: jobs/Month

“日常煤耗覆盖时间$_{i-1}$” =0.2333

Units: Month

“最大生产速率$_{i+2}$” =40

Units: ttons/Month

“月需求量$_{i-1}$” = “固定月需求量$_{i-1}$” + “浮动月需求量$_{i-1}$”

Units: ttons/Month

服务人数 C_i= INTEG（延迟变化速率$_i$,初始服务人数 C_{0i}）

Units: Dmnl

“服务强度$\rho_{(i+1)}$” = “出港量$_{i+1}$” / “服务能力$_{i+1}$”

Units: Dmnl

服务强度ρ_i=平均到达速率λ_i/服务能力$_i$

Units: Dmnl

服务强度对延迟时间的影响（[（0,0）-（2,40）],（0,0）,（0.2,5）,（0.4,8）,（0.6,10）,（0.8,15）,（1,20）,（1.5,30）,（2,40））

Units: Dmnl

服务能力$_i$=服务人数 C_i × 人均服务效率μ_i

Units: jobs/Month

“服务能力$_{i+1}$” = INTEG（“能力调节率$_{i+1}$”，“初始服务能力$_{i+1}$”）

Units: ttons/Month

“服务能力偏差$_{i+1}$” =”目标服务能力$_{i+1}$” - “服务能力$_{i+1}$”

Units: ttons/Month

“期望库存$_{i-1}$” =（“安全库存覆盖时间$_{i-1}$” + “日常煤耗覆盖时间$_{i-1}$” +1）×（“浮动区月均耗煤量$_{i-1}$” +”固定月需求量$_{i-1}$”）

Units: ttons

“期望库存$_{i+2}$” = “安全库存$_{i+2}$” + “订货速率$_{i+2}$” × 单位修正系数

Units: ttons

“期望订货速率$_{i-1}$” = IF THEN ELSE（“浮动区月均耗煤量$_{i-1}$” + “库存调节速率$_{i-1}$” ≤0, 0,“浮动区月均耗煤量$_{i-1}$” +”库存调节速率$_{i-1}$”）

Units: ttons/Month

求和部分$_i$= INTEG（IF THEN ELSE（ Time≤服务人数 C_{i-1},（服务人数 C_i × 服务强度ρ_i）

^Time/EXP（GAMMA LN（Time+1）），0），1）

Units: Dmnl

“浮动区月均耗煤量$_{i-1}$” =SMOOTH（“浮动月需求量$_{i-1}$”，“平滑时间$_{i-1}$”）

Units: ttons/Month

“浮动月需求量$_{i-1}$”= WITH LOOKUP（Time,（［（0,0）-（40,20）］,（1,8）,（2,9）,（3,8）,（4,5）,（5,5）,（6,6）,（7,7）,（8,8）,（9,6）,（10,6）,（11,7）,（12,8）,（13,9）,（14,9）,（15,8）,（16,6）,（17,5）,（18,7）,（19,8）,（20,9）,（21,7）,（22,6）,（23,7）,（24,8）,（25,9）））

Units: ttons/Month

满意度=IF THEN ELSE（总延迟时间≤ 1, 1, 0）

Units: Dmnl

目标延迟时间$_i$=1/30

Units: Month

“目标延迟时间$_{i+1}$” =1

Units: Month

“目标服务能力$_{i+1}$” = “待出库量$_{i+1}$” / “目标延迟时间$_{i+1}$” + “安全服务能力$_{i+1}$”

Units: ttons/Month

空闲概率P_{0i}=1/（求和部分$_i$+（服务人数C_i × 服务强度ρ_i）^服务人数C_i/EXP（GAMMA LN（服务人数C_{i+1}））/（1-服务强度ρ_i））

Units: Dmnl

“耗煤速率$_{i-1}$” =MIN（“月需求量$_{i-1}$”，“库存量$_{i-1}$” /单位修正系数+ “收货速率$_{i-1}$”）

Units: ttons/Month

“能力调节时间$_{i+1}$” =120

Units: Month

“能力调节率$_{i+1}$” =IF THEN ELSE（“服务能力偏差$_{i+1}$” >10, “服务能力偏差$_{i+1}$” / 能力调节时间$_{i+1}$”，0）

Units: ttons/Month/Month

订单处理速率$_i$=MIN（待处理订单n_i, 全员平均服务率速$_i$）

Units: jobs/Month

“订单数$_{(i-1,1)}$” =IF THEN ELSE（“实际订货速率$_{i-1}$” >0, 1, 0）

Units: jobs/Month

订单积压$_i$= INTEG（新订单速率$_i$- 订单处理速率$_i$, 初始订单积压$_i$）

Units: jobs

“订单量$_{(i-1,2)}$” =RANDOM POISSON（ 20, 40, 平均到达速率λ_i, 0, 1,0）

Units: jobs/Month

“订货速率$_{i+2}$” = DELAY FIXED（“实际订货速率$_{i-1}$”，平均逗留时间W_{si}, “实际订货速率$_{i-1}$”）

Units: ttons/Month

附录B

尊敬的专家：

您好！我们是煤炭服务供应链课题组，为保证评估指标体系的合理性、科学性，课题组拟采用层次分析法（AHP）对指标相对重要性进行专家问卷调查，并依据各位专家意见综合测算指标权重。在您填写问卷之前，课题组就相关背景向您做简要说明：

此调查问卷的目的在于确定煤炭服务供应链各影响因素之间相对权重，调查问卷根据层次分析法的形式设计。这种方法是在同一个层次对影响因素重要性进行两两比较。

1. 评估煤炭服务供应链运作效率评价指标的相对重要性

下列各组比较要素，对于煤炭服务供应链的相对重要性如何？

指标	9	8	7	6	5	4	3	2	1	2	3	4	5	6	7	8	9	指标
物流指标																		信息流指标
物流指标																		服务能力流指标
物流指标																		资金流指标
信息流指标																		物流指标
信息流指标																		服务能力流指标
信息流指标																		资金流指标
服务能力流指标																		物流指标
服务能力流指标																		信息流指标
服务能力流指标																		资金流指标
资金流指标																		物流指标
资金流指标																		信息流指标
资金流指标																		服务能力流指标

2. 评估“物流指标”的相对重要性

下列各组比较要素，对于“物流指标”的相对重要性如何？

指标	9	8	7	6	5	4	3	2	1	2	3	4	5	6	7	8	9	指标
电厂库存周转率																		港口库存周转率
电厂库存周转率																		煤矿库存周转率
港口库存周转率																		电厂库存周转率
港口库存周转率																		煤矿库存周转率
煤矿库存周转率																		电厂库存周转率
煤矿库存周转率																		港口库存周转率

3.评估“信息流指标”的相对重要性

下列各组比较要素，对于“信息流指标”的相对重要性如何？

指标	9	8	7	6	5	4	3	2	1	2	3	4	5	6	7	8	9	指标
供应链信息化水平																		电厂需求夸大率
供应链信息化水平																		供应链管理商订单处理耗时
供应链信息化水平																		港口发货耗时
供应链信息化水平																		煤矿发货耗时
电厂需求夸大率																		供应链信息化水平
电厂需求夸大率																		供应链管理商订单处理耗时
电厂需求夸大率																		港口发货耗时
电厂需求夸大率																		煤矿发货耗时
供应链管理商订单处理耗时																		供应链信息化水平
供应链管理商订单处理耗时																		电厂需求夸大率
供应链管理商订单处理耗时																		港口发货耗时
供应链管理商订单处理耗时																		煤矿发货耗时
港口发货耗时																		供应链信息化水平
港口发货耗时																		电厂需求夸大率
港口发货耗时																		供应链管理商订单处理耗时
港口发货耗时																		煤矿发货耗时
煤矿发货耗时																		供应链信息化水平
煤矿发货耗时																		电厂需求夸大率
煤矿发货耗时																		供应链管理商订单处理耗时
煤矿发货耗时																		港口发货耗时

注：“电厂需求夸大率”指的是电厂因担心供应商供应煤炭不足影响生产，而夸大实际用煤需求的量占实际用煤需求量的比重。

4. 评估“服务能力流指标”的相对重要性

下列各组比较要素，对于“服务能力流指标”的相对重要性如何？

指标	9	8	7	6	5	4	3	2	1	2	3	4	5	6	7	8	9	指标
供应链管理服务商服务强度																		港口服务强度
供应链管理服务商服务强度																		煤矿发货比率
供应链管理服务商服务强度																		电厂对服务的满意度
港口服务强度																		供应链管理服务商服务强度
港口服务强度																		煤矿发货比率
港口服务强度																		电厂对服务的满意度
煤矿发货比率																		供应链管理服务商服务强度
煤矿发货比率																		港口服务强度
煤矿发货比率																		电厂对服务的满意度
电厂对服务的满意度																		供应链管理服务商服务强度
电厂对服务的满意度																		港口服务强度
电厂对服务的满意度																		煤矿发货比率

5. 评估“资金流指标”的相对重要性

下列各组比较要素，对于“资金流指标”的相对重要性如何？

指标	9	8	7	6	5	4	3	2	1	2	3	4	5	6	7	8	9	指标
电厂赊欠煤矿货款比重																		电厂赊欠货款时长
电厂赊欠煤矿货款比重																		供应链管理服务商向煤矿垫付货款的速度
电厂赊欠煤矿货款比重																		供应链管理服务商向港口支付服务费的速度
电厂赊欠款时长																		电厂赊欠煤矿货款比重
电厂赊欠款时长																		供应链管理服务商向煤矿垫付货款的速度
电厂赊欠款时长																		供应链管理服务商向港口支付服务费的速度
供应链管理服务商向煤矿垫付货款的速度																		电厂赊欠煤矿货款比重
供应链管理服务商向煤矿垫付货款的速度																		电厂赊欠款时长
供应链管理服务商向煤矿垫付货款的速度																		供应链管理服务商向港口支付服务费的速度
供应链管理服务商向港口支付服务费的速度																		电厂赊欠煤矿货款比重
供应链管理服务商向港口支付服务费的速度																		电厂赊欠款时长
供应链管理服务商向港口支付服务费的速度																		供应链管理服务商向煤矿垫付货款的速度

参考文献

[1] 李丹．大型煤业集团煤炭绿色供应链系统构建与优化研究［D］．辽宁工程技术大学，2013.

[2] 韩广，夏英伟．中国煤炭供应链现状分析［J］．中国物流与采购．2009（3）：66–67.

[3] Rioux B, Galkin P, Murphy F, et al. Economic impacts of debottlenecking congestion in the Chinese coal supply chain［J］. Energy Economics. 2016, 60: 387–399.

[4] Tien J M. Manufacturing and services: from mass production to mass customization［J］. Journal of Systems Science and Systems Engineering. 2011, 20（2）: 129–154.

[5] Wanga Y, Wallaceb S W, Shenc B, et al. Service supply chain management: A review of operational models［J］. European Journal of Operational Research. 2015, 247（3）: 685–698.

[6] 中国统计年鉴．http://www.stats.gov.cn/tjsj/ndsj/.

[7] 利丰研究中心．供应链管理：香港利丰集团的实践［M］．北京：中国人民大学出版社，2010.

[8] 钱平凡，温琳．煤炭智能物流园区建设精要与政策建议［J］．中国煤炭．2013, 39（1）：15–18.

[9] 窦园园．基于系统动力学的煤炭产业公地研究初探［J］．中国矿业．2016（12）：1–4.

[10] Williamson O E. The Economic Institutions of Capitalism: Firms, Markets, Relational Contracting［M］. New York: Free Press,1985.

[11] 唐应辉，唐小我．排队论基础与分析技术［M］．北京：科学出版社，2006.

[12] 翟丽丽．基于自组织理论的高技术虚拟企业管理模式研究［D］.哈尔滨理工大学，2009.

[13] 沈小峰．混沌初开：自组织理论的哲学探索［M］．北京：北京师范大学出版社，2008.

[14] Vargo S L, Lusch R F.Evolving to a New Dominant Logic for Marketing［J］. Journal of Marketing. 2004.

[15] Shostack G L.How to Design a Service［J］. European Journal of Marketing. 1982, 16（1）: 49–63.

[16] Quinn J B, Baruch J J, Paquette P C. Technology in services［J］. Scientific

American. 1987, 257（6）: 50–58.
[17] Zeithaml V A, Parasuraman A, Berry L L. Services marketing [M]. New York: McGrawHill: 1996.
[18] 叶万春. 服务营销学 [M]. 北京: 高等教育出版社, 2007.
[19] Shostack G L. Breaking Free from Product Marketing [J]. Journal of Marketing. 1977, 41（2）: 73.
[20] Sasser W E. Management of Service Operations: Text, Cases, And Readings [M]. Boston: Allyn And Bacon, 1978.
[21] 洛夫洛克, 沃茨. 服务营销 [M]. 北京: 机械工业出版社, 2013.
[22] Lovelock C H. Classifying services to gain strategic marketing insights [J]. Journal of Marketing. 1983, 47（3）: 9–20.
[23] Sampson S E. Customer–supplier duality and bidirectional supply chains in service organizations [J]. International Journal of Service Industry Management. 2000, 11（4）: 348–364.
[24] Sampson S E, Froehle C M. Foundations and Implications of a Proposed Unified Services Theory [J]. Production and Operations Management Society. 2006, 15（2）: 329–343.
[25] Zeithaml V A, Parasuraman A P, Berry L L. Problems and Strategies in Services Marketing [J]. Journal of Marketing. 1985, 49（2）: 33–46.
[26] 俞海宏. 基于服务供应链契约协调机制的农村流通供应链运作优化研究 [D]. 浙江大学, 2011.
[27] 马克思. 资本论 [M]. 北京: 人民出版社, 1975.
[28] 张学安. 商品的本质: 社会使用价值与价值的统一 [J]. 重庆交通大学学报（社会科学版）. 2007（2）: 1–5.
[29] 刘林青, 雷昊, 谭力文. 从商品主导逻辑到服务主导逻辑——以苹果公司为例 [J]. 中国工业经济. 2010（9）: 57–66.
[30] Levitt T. Marketing for Business Growth [M]. New York: McGraw–Hill, 1974.
[31] 李铸. 论商品的本质及其意义——商品的哲学透视 [J]. 山东师大学报（社会科学版）. 1996（5）: 13–16.
[32] Vargo S L, Lusch R F. Service–dominant Logic: Continuing the Evolution [J]. Journal of the Academy of Marketing Science. 2008, 36（1）: 1–10.
[33] Constantin J A, Lusch R F. Understanding resource management: How to deploy your people, products, and processes for maximum productivity [M]. Oxford: 1994.
[34] Lusch R F. The Small and Long View [J]. Journal of Macromarketing. 2006, 26（2）: 240–244.
[35] Vargo S L, Lusch R F. Institutions and axioms：An extension and update of service–dominant logic [J]. Journal of the Academy of Marketing Science. 2016, 44（1）: 5–23.

[36] 宋华.服务供应链[M]. 北京：中国人民大学出版社，2012.
[37] Ellram L M, Tate W L, Billington C. Understanding and Managing the Services Supply Chain [J]. Journal of Supply Chain Management. 2004.
[38] Armistead C G, Clark G. Resource Activity Mapping: the Value Chain in Service Operations Strategy [J]. Service Industries Journal. 1993, 13 (4): 221-239.
[39] Sengupta K, Heiser D R, Cook L S. Manufacturing and Service Supply Chain Performance: A Comparative Analysis [J]. Journal of Supply Chain Management. 2006.
[40] Baltacioglu T, Ada E, Kaplan M D, et al. A New Framework for Service Supply Chains [J]. Service Industries Journal. 2007, 27 (2): 105-124.
[41] Drzymalski J, Usa S M. Supply Chain Frameworks for the Service Industry: A Review of the Literature [J]. European International Journal of Science and Technology. 2012, 1 (3).
[42] 刘伟华，季建华，王振强. 基于服务产品的服务供应链设计[J]. 工业工程. 2008 (04): 60-65.
[43] 刘伟华，刘希龙. 服务供应链管理[M]. 北京：中国物资出版社，2009.
[44] De Waart D, Kemper S. 5 Steps to Service Supply Chain Excellence [J]. Supply Chain Management Review. 2004 (1): 28-36.
[45] 程建刚，李从东. 服务供应链研究综述[J]. 现代管理科学. 2008 (9): 101-102.
[46] 贾清萍. 江西农村医疗服务供应链系统运行效应反馈仿真研究[D]. 南昌大学，2010.
[47] Cook J, Debree K, Feroleto A. From raw materials to customers: Supply chain management in the service industry [J]. SAM Advanced Management Journal. 2001, 66 (4): 14-21.
[48] Pramod V R, Banwet D K, Sarma P. Understanding the barriers of service supply chain management: an exploratory case study from Indian telecom industry [J]. Opsearch. 2015, 53 (2): 358-374.
[49] Akkermans H, Vos B. Amplification in service supply chains: An exploratory case study from the telecom industry [J]. Production and Operations Management. 2003, 13 (2): 204-223.
[50] Anderson E G, Morrice D J. A Simulation Game for Teaching Service-oriented Supply chain Management: Does Information Sharing Help Managers with Service Capacity Decisions? [J]. Production and Operations Management. 2000, 9 (1): 40-55.
[51] Breidbach, F. C, Reefke H, et al. Investigating the Formation of Service Supply Chains [J]. Service Industries Journal. 2013: 5-23.
[52] Véronneau S, Roy J, Beaulieu M. Cruise ship suppliers: A field study of the

supplier relationship characteristics in a service supply chain [J]. Tourism Management Perspectives. 2015, 16: 76-84.
[53] 金立印. 服务供应链管理、顾客满意与企业绩效 [J]. 中国管理科学. 2006, 14 (2): 100-106.
[54] 黄小军, 甘筱青. 旅游服务供应链管理初探 [J]. 商业时代. 2006 (25): 91-93.
[55] 舒波. 国内外旅游服务供应链及复杂网络相关研究综述与启示 [J]. 旅游科学. 2010, 24 (6): 72-83.
[56] 舒波. 基于复杂网络的旅游服务供应链集成性评价 [J]. 统计与决策. 2011 (8): 68-71.
[57] 牛文举, 罗定提, 鲁芳. 双重非对称信息下旅游服务供应链中的激励机制设计 [J]. 运筹与管理. 2013 (3): 222-229.
[58] 鄢章华, 刘蕾, 白世贞. 基于NYOP的旅游服务供应链合作模式创新研究 [J]. 软科学. 2017 (7): 39-43.
[59] 张智勇, 赵俊, 石永强, 等. 养老服务供应链中服务提供商的选择 [J]. 统计与决策. 2014 (4): 60-62.
[60] 王一烜. 基于服务供应链的创新养老服务模式运营探究 [J]. 生产力研究. 2012 (10): 109-110.
[61] 张智勇, 吕嘉欣, 石永强. 基于奖惩契约的养老服务供应链质量控制协调 [J]. 工业工程. 2016, 19 (5): 58-64.
[62] 杨坚石. 我国金融证券服务供应链体系结构研究 [J]. 商业时代. 2013 (27): 74-75.
[63] 侯静怡, 周明勇, 肖宏伟. 培训服务供应链建模及收入共享机制研究 [J]. 现代管理科学. 2014 (5): 110-112.
[64] 朱自珍. 咨询业服务供应链绩效评价与实例研究 [D]. 华中科技大学, 2013.
[65] 王法涛, 苑春荟. 网上零售服务供应链模型构建及协同机制 [J]. 中国流通经济. 2013, 27 (7): 14-20.
[66] 张昕. 餐饮团购服务供应链管理模式创新 [J]. 财经问题研究. 2016 (12): 132-137.
[67] Anderson E G, Morrice D J. A Simulation Model to Study the Dynamics in a Service-oriented Supply Chain: Conference on Winter Simulation: Simulation-a Bridge to the Future. 1999: 1, 742-748.
[68] Anderson E G, Morrice D J, Lundeen G. The "physics" of capacity and backlog management in service and custom manufacturing supply chains [J]. System Dynamics Review. 2005, 21 (3): 217-247.
[69] 林文进, 江志斌, 李娜. 服务型制造理论研究综述 [J]. 工业工程与管理. 2009, 14 (6): 1-6.
[70] 何哲, 孙林岩, 朱春燕. 服务型制造的概念、问题和前瞻 [J]. 科学学研究. 2010 (1): 53-60.

［71］王康周，江志斌，林文进，等．服务型制造混合供应链管理研究［J］．软科学．2013（5）：93-95.
［72］Viswanadham N, Desai V, Gaonkar R. Bullwhip effect in Integrated Manufacturing and Service Networks: IEEE International Conference on Robotics and Automation. 2005: 3005-3010.
［73］俞海宏，刘南．激励机制下服务供应链的收益分享契约协调性研究［J］．数学的实践与认识．2011（12）：69-79.
［74］崔嘉琛．基于顾客参与和体验的服务型制造混合供应链上顾客价值传递机制研究［D］．上海交通大学，2011.
［75］马超，王军，高松．服务型制造混合供应链协同能力评价［J］．商业时代．2013（35）：46-47.
［76］王康周，江志斌，林文进，等．服务型制造混合供应链管理研究［J］．软科学．2013（5）：93-95.
［77］Park T, Yi J. Commonalities and Differences between Service and Manufacturing Supply Chains: Combining Operations Management Studies with Supply Chain Management［J］. California Journal of Operations Management. 2009, 7（1）: 136-143.
［78］Nie W, Kellogg D L. How Professors of Operations Management View Service Operations?［J］. Production and Operations Management. 1999, 8（3）: 339-355.
［79］Hurkens K, Van Der Valk W, Wynstra F. Total Cost Of Ownership in The Services Sector: A Case Study［J］. Journal of Supply Chain Management. 2006, 42（1）: 27-37.
［80］Stewart D M, Chase R B. The Impact of Human Error on Delivering Service Quality［J］. Production and Operations Management. 1999, 8（3）: 240-263.
［81］Demirkan H, Cheng H K. The risk and information sharing of application services supply chain［J］. European Journal of Operational Research. 2008, 187（3）: 765-784.
［82］陈建生，王立杰．论煤炭企业物流供应链联盟［J］．管理世界．2004（11）：148-149.
［83］朱金艳，魏晓平，彭红军．大型煤炭供应链多目标多阶段优化模型与应用［J］．统计与决策．2010（6）：72-75.
［84］赵晓丽，乞建勋．供应链不同合作模式下合作利益分配机制研究——以煤电企业供应链为例［J］．中国管理科学．2007, 15（4）：70-76.
［85］王金凤．煤炭企业实施和强化供应链管理初探［J］．中国煤炭．2004（4）：31-32.
［86］苏丽琴，魏金奎，刘双勇．煤炭供应链的信息化分析［J］．煤炭经济研究．2007（3）：59-60.
［87］赵怡晴，李翠平．煤炭企业推-拉式供应链战略研究［J］．中国煤炭．2008, 34（6）：38-40.

[88] 曹恒亭，李乃梁．煤炭企业供应链管理的策略研究［J］．煤炭经济研究．2008（10）：51–53.
[89] 宋彧，李巍巍，金飞．煤炭供应链协同管理的策略研究［J］．煤炭技术．2011（10）：273–274.
[90] 王艳梅，王晓松．煤炭行业供应链管理初探［J］．中国煤炭．2007, 33（9）：22–23.
[91] 闫丽丽，夏凡，郭妍．煤炭行业供应链协同网络模型构建［J］．物流技术．2014（17）：350–351.
[92] 彭晨，岳东.基于开放式功能体系的煤炭供应链结构研究［J］．煤炭学报．2003, 28（3）：326–331.
[93] 吴永平，宋华岭，李金克．煤炭资源供应链国际化系统的复杂性研究［J］．中国矿业．2007（6）：33–36.
[94] 吕涛．煤炭供应链的系统结构与协调机制［J］．中国矿业大学学报（社会科学版）．2009, 11（1）：74–79.
[95] 吕涛，张美珍，刘晓燕.基于供应链的煤炭供应保障影响因素分析与实证［J］．统计与决策．2016（1）：58–62.
[96] 王冬冬．煤炭供应链风险分析与管控研究［J］．煤炭技术．2013, 32（2）：270–272.
[97] 屈国强．煤炭供应链SCOR模型研究［J］．工业工程．2016, 19（2）：7–12.
[98] 于洋，王晓栋，马红伟．疆煤外运煤炭供应链构建研究［J］．中国煤炭．2012, 38（10）：10–13, 23.
[99] 陈红梅．煤炭物流供应链信息协同共享研究［J］. 生态经济．2013（5）:109–113.
[100] 张志军，袁旭梅．煤炭物流服务供应链链层协同运作模式研究［J］．中国煤炭．2014（6）：18–21, 49.
[101] 纪晓文．煤炭销售企业营销供应链管理研究［D］.山东大学，2016.
[102] 张艳，李景峰，张晋菁．信息协同视角下煤炭运销企业绩效研究［J］．理论探索．2014（3）：104–106.
[103] 钱平凡，温琳．煤炭智能物流园区建设精要与政策建议［J］．中国煤炭．2013, 39（1）：15–18.
[104] 李敏．煤炭供应链管理的创价系统研究［D］．中国地质大学（北京），2009.
[105] 周健奇，刘伟，郑毅．煤炭供应链管理是国有煤炭企业物流公司的发展方向［J］．中国煤炭．2010（5）：34–36.
[106] Grönroos C. Service logic revisited: who creates value? And who co-creates?［J］. European Business Review. 2008, 20（4）：298–314.
[107] Pisano G P, Shih W C.Restoring American Competitiveness［J］. Harvard Business Review. 2009, 87（7/8）：114–125.
[108] Pisano G P, Shih W C.Does America Really Need Manufacturing?［J］. Harvard Business Review. 2012, 90（3）：94–108.
[109] Hardin G. The Tragedy of the Commons［J］. Science. 1968, 162:1243–1247.

[110] Macquarie Equities Research, Chinese coal 2013 outlook. 2013.
[111] 刘林艳，宋华. 利丰商业模式的演进和发展 [J]. 企业管理. 2013 (12): 60-63.
[112] 传统行业转型升级案例之泰德煤网. http://www.sohu.com/a/168803713_816315. 2017.
[113] 瑞茂通年度报告. http://www.ccsoln.com/Investors/regular_reports. 2017.
[114] 魏道江，康承业，李慧民. 自组织与他组织的关系及其对管理学的启示 [J]. 系统科学学报. 2014 (2): 45-48.
[115] 苗东升.分形与复杂性 [J]. 系统辩证学学报. 2003 (2) :7-13.
[116] 宋爱忠. "自组织"与"他组织"概念的商榷辨析 [J]. 江汉论坛. 2015 (12): 42-48.
[117] 王其藩. 系统动力学 [M]. 北京: 清华大学出版社, 1994.
[118] 王其藩. 高级系统动力学 [M]. 北京: 清华大学出版社, 1995.
[119] Sterman J D. Business dynamics—systems thinking and modeling for a complex world [M]. Beijing: Tesinghua University Press, 2008.
[120] 钟永光. 系统动力学 [M]. 北京: 科学出版社, 2013.
[121] 彼得·圣吉. 第五项修炼 [M]. 上海: 上海三联书店, 2003.
[122] 彭红军, 周梅华. 基于复杂需求的煤炭供应链多目标集成优化模型与算法 [J]. 统计与决策. 2010 (4): 35-37.
[123] 郁钟铭. 基于系统动力学的煤炭工业可持续发展研究 [D]. 武汉理工大学, 2012.
[124] 秦皇岛煤炭网. http://www.cqcoal.com/. 2017.
[125] 秦皇岛港股份有限公司企业简介. http://www.portqhd.com/s/about_profile.php. 2017.
[126] 长协煤价下降市场煤仍看涨. http://finance.ifeng.com/a/20170707/15517853_0.shtml. 2017.
[127] 董暄. 制度质量与供应链效率 [D]. 浙江工商大学, 2015.
[128] 杨子刚，郭庆海. 粮食物流企业供应链效率及其影响因素分析——基于吉林省38家粮食物流企业的调查 [J]. 中国流通经济. 2011 (6): 44-48.
[129] 刘俊华，李燕霞. 乳品供应链效率测度研究进展 [J]. 科技管理研究. 2014 (22) :196-201.
[130] 冯华，何佳莉，刘洋. 供应链物流能力绩效评价体系的调研分析 [J]. 中南财经政法大学学报. 2014 (1): 113-118.
[131] 胡东波，沈悦，衡如丹，等. B2B供应链全局需求信息共享价值的仿真研究 [J]. 系统仿真学报. 2017 (7): 1611-1616.
[132] Gong P, Sun B, Liu G, et al.Fuzzy Comprehensive Evaluation in Well Control Risk Assessment Based on AHP: A Case Study [J]. Advances in Petroleum Exploration and Development. 2012, 4 (1): 13-18.